Impressum
Verlag: BABADADA GmbH, Nedderfeld 112 , 22529 Hamburg
Geschäftsführer / Verlagsleitung: Harald Hof
Druck: Books on Demand GmbH, In de Tarpen 42, 22848 Norderstedt

Imprint
Publisher: BABADADA GmbH, Nedderfeld 112 , 22529 Hamburg, Germany
Managing Director / Publishing direction: Harald Hof
Print: Books on Demand GmbH, In de Tarpen 42, 22848 Norderstedt, Germany

المدرسة
mokykla

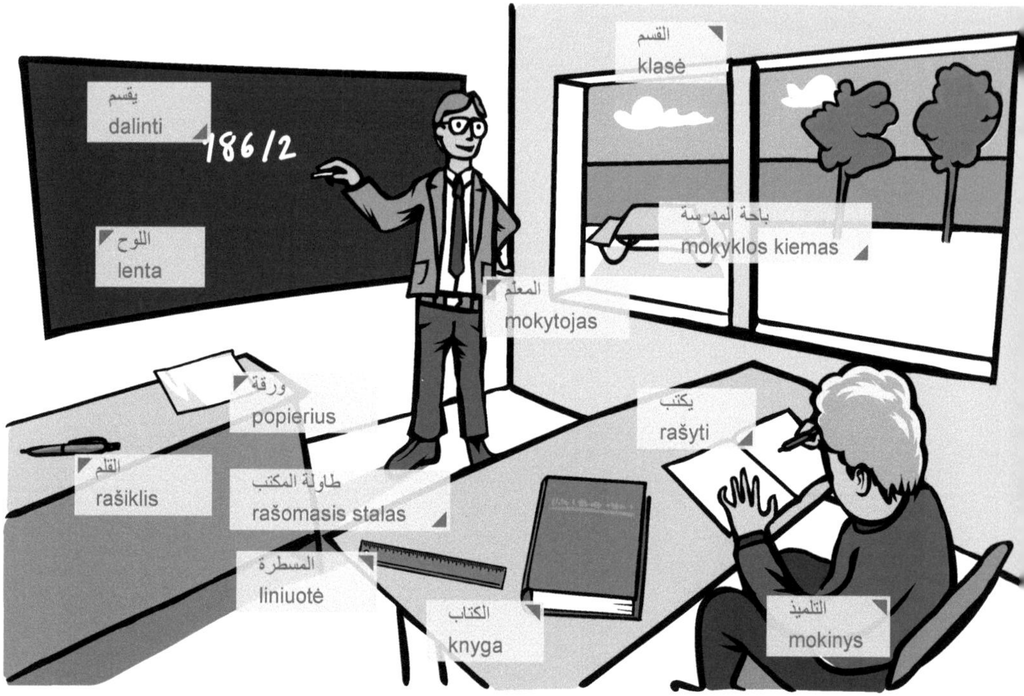

يقسم
dalinti
186/2
القسم
klasė
اللوح
lenta
باحة المدرسة
mokyklos kiemas
المعلم
mokytojas
ورقة
popierius
يكتب
rašyti
القلم
rašiklis
طاولة المكتب
rašomasis stalas
المسطرة
liniuotė
الكتاب
knyga
التلميذ
mokinys

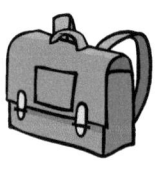

الحقيبة المدرسية
....
kuprinė

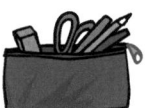

المقلمة
....
penalas

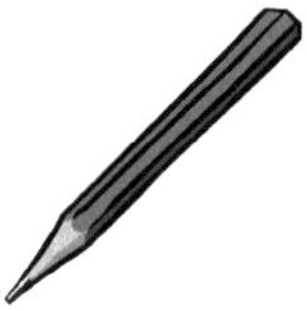

قلم الرصاص
....
pieštukas

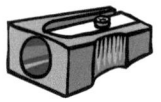

البرّاية
....
drožtukas

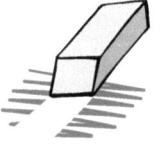

المِمحاة
....
trintukas

دفتر الرسم
....
piešimo bloknotas

الرسمة

piešinys

الفرشاة

teptukas

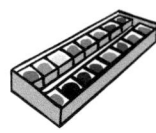

علبة التلوين

dažų dėžutė

المقص

žirklės

المادة اللاصقة

klijai

دفتر التمارين

vadovėlis

الواجب المدرسي

namų darbai

الرقم

numeris

2+2

يجمع

pridėti

يطرح

atimti

يضرب

dauginti

يحسب

skaičiuoti

الحرف

raidė

الأبجدية

abėcėlė

كلمة

žodis

النص

tekstas

يقرأ

skaityti

الطبشور

kreida

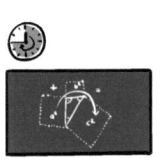

الحصة

pamoka

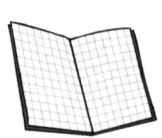

دفتر الدوام المدرسي

dienynas

الامتحان

egzaminas

شهادة

pažymėjimas

اللباس المدرسي

mokyklinė uniforma

التعليم

išsilavinimas

الموسوعة

enciklopedija

الجامعة

universitetas

المجهر

mikroskopas

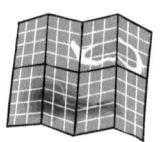

الخريطة

žemėlapis

قماما

šiukšliadėžė

فندق
viešbutis

Grand

بيت الشباب
svečių namai

ROOMS

EXCHANGE

مكتب صرافة
valiutos keitykla

حقيبة
lagaminas

سيارة
mašina

اللغة
kalba

نعم / لا
taip / ne

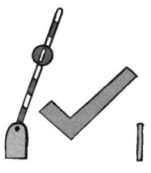

حسناً
Gerai

مرحبا
sveiki

مترجم
vertėjas raštu

شكراً
Ačiū

كم ثمن ... ؟

kiek kainuoja...?

لا أفهم

aš nesuprantu

مشكلة

problema

مساء الخير

Labas vakaras!

صباح الخير!

Labas rytas!

ليلة سعيدة

Labos nakties!

إلى اللقاء

viso gero

اتجاه

kryptis

أمتعة السفر

bagažas

حقيبة

krepšys

حقيبة ظهر

kuprinė

ضيف

svečias

غرفة

kambarys

كيس للنوم

miegmaišis

خيمة

palapinė

استعلامات سياحية

turizmo informacija

شاطئ

paplūdimys

بطاقة ائتمان

kreditinė kortelė

إفطار

pusryčiai

طعام الغداء

pietūs

العشاء

vakarienė

بطاقة سفر

bilietas

مصعد

liftas

طابع بريدي

pašto ženklas

حدود

siena

الجمارك

muitinė

سفارة

ambasada

تأشيرة

viza

جواز سفر

pasas

نقل
transportas

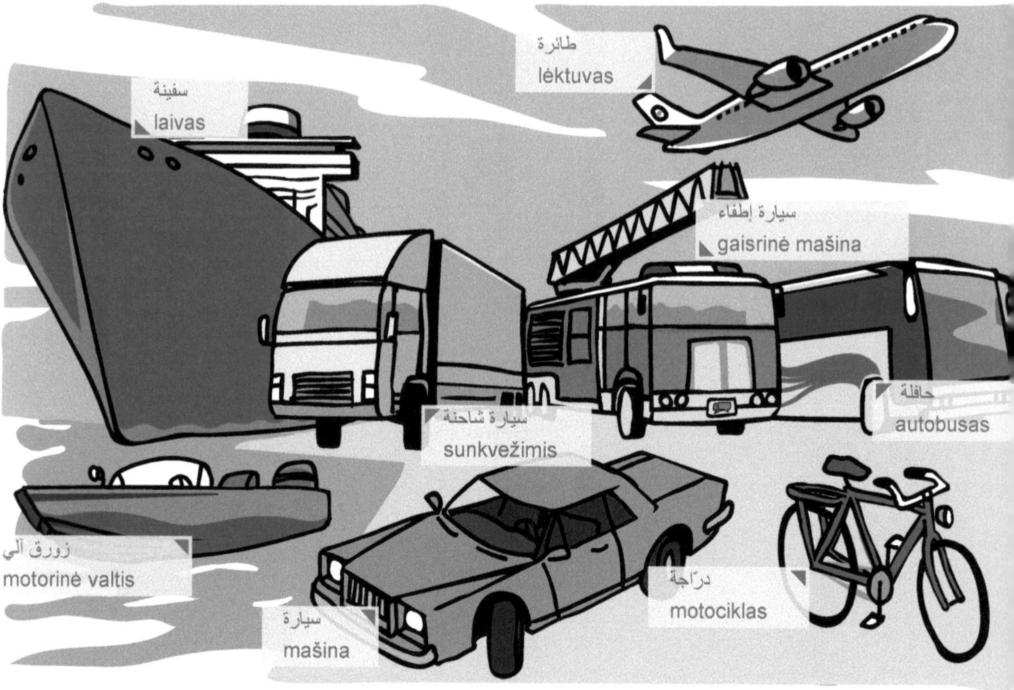
سفينة
laivas
طائرة
lėktuvas
سيارة إطفاء
gaisrinė mašina
سيارة شاحنة
sunkvežimis
حافلة
autobusas
زورق آلي
motorinė valtis
سيارة
mašina
درّاجة
motociklas

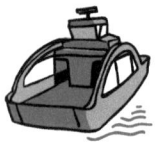

عبارة

keltas

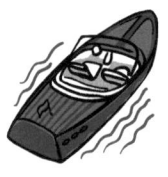

قارب

valtis

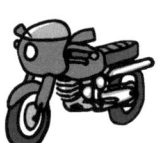

دراجة نارية

mopedas

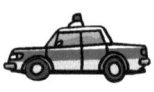

سيارة شرطة

policijos automobilis

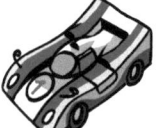

سيارة سباق

lenktyninis automobilis

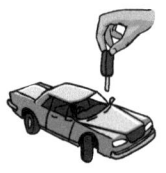

سيارة مستأجرة

nuomojamas automobilis

أسلوب تشاركي في استنجار السيارات

bendras automobilio naudojimas

سيارة للجر

techninės pagalbos automobilis

سيارة نقل القمامة

šiukšliavežė

محرك

variklis

وقود

degalai

محطة وقود

degalinė

إشارة مرور

kelio ženklas

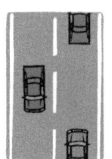

حركة السير

eismas

ازدحام سير

eismo spūstis

موقف سيارات

mašinų stovėjimo aikštelė

محطة قطار

traukinių stotis

سكك حديدية

bėgiai

قطار

traukinys

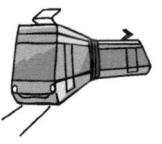

ترام

tramvajus

عربة قطار

vagonas

طائرة مروحية

sraigtasparnis

مطار

oro uostas

برج

bokštas

مسافر

keleivis

حاوية

konteineris

علبة كرتون

dėžė

عربة يد

vežimėlis

سلة

krepšys

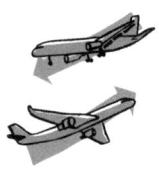

يقلع / يهبط

pakilti / nusileisti

قرية

kaimas

مركز المدينة

miesto centras

بيت

namas

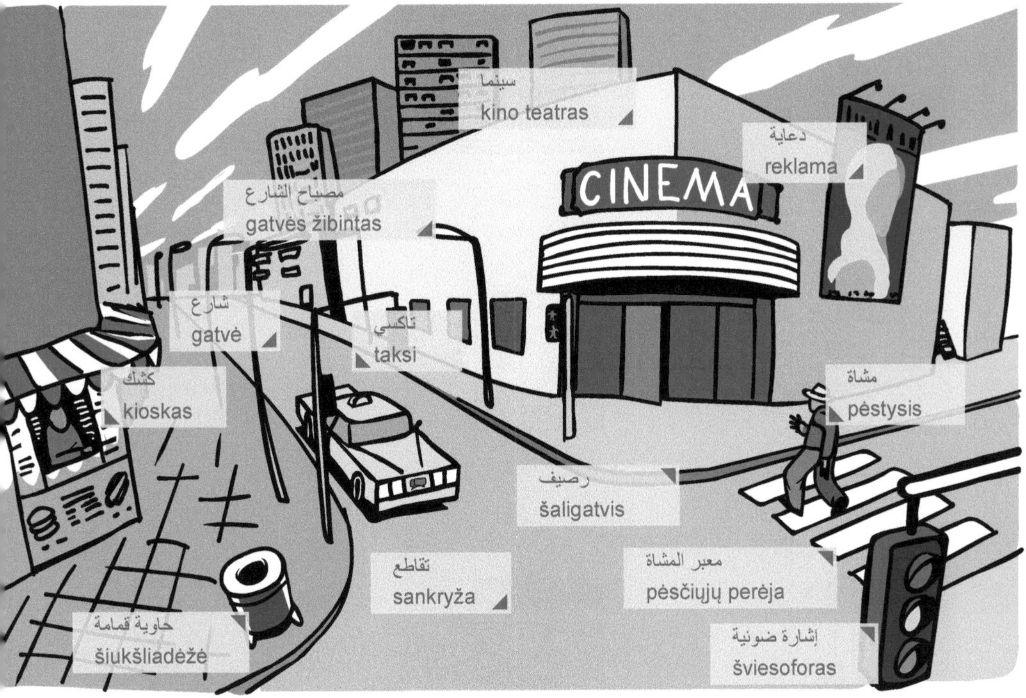

سينما
kino teatras

دعاية
reklama

مصباح الشارع
gatvės žibintas

CINEMA

شارع
gatvė

تاكسي
taksi

كشك
kioskas

مشاة
pėstysis

رصيف
šaligatvis

تقاطع
sankryža

معبر المشاة
pėsčiųjų perėja

حاوية قمامة
šiukšliadėžė

إشارة ضوئية
šviesoforas

كوخ
trobelė

شقة
butas

محطة قطار
traukinių stotis

دار البلدية
rotušė

متحف
muziejus

المدرسة
mokykla

الجامعة

universitetas

مصرف

bankas

المستشفى

ligoninė

فندق

viešbutis

صيدلية

vaistinė

مكتب

biuras

مكتبة

knygynas

متجر

parduotuvė

محل لبيع الزهور

gėlių parduotuvė

سوبرماركت

prekybos centras

سوق

turgus

متجر كبير

universalinė parduotuvė

تاجر السمك

žuvies parduotuvė

مركز تسوّق

prekybos centras

ميناء

uostas

حديقة عامة

parkas

مقعد

suoliukas

جسر

tiltas

درج، سلم

laiptai

مترو

metro

نفق

tunelis

موقف حافلات

autobusų stotelė

بار

baras

مطعم

restoranas

صندوق البريد

lauko pašto dėžutė

لافتة باسم الشارع

kelio ženklas

مقياس زمن الوقوف

parkomatas

حديقة حيوانات

zoologijos sodas

مسبح

baseinas

مسجد

mečetė

مزرعة

ūkininko ūkis

تلوث البيئة

tarša

مقبرة

kapinės

كنيسة

bažnyčia

ملعب الأطفال

žaidimų aikštelė

معبد

šventykla

![kraštovaizdis landscape illustration]

ورقة
lapas

علامة إرشاد
kelio rodyklė

طريق
kelias

مرج
pieva

رحالة
ėjikas

حجر
akmuo

شجرة
medis

نهر
upė

عشب
žolė

زهرة
gėlė

وادٍ

slėnis

جبل

kalva

بحيرة

ežeras

غابة

miškas

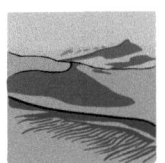

صحراء

dykuma

بركان

ugnikalnis

قلعة

pilis

قوس قزح

vaivorykštė

فطر

grybas

نخلة

palmė

بعوض

uodas

ذبّانة

musė

نملة

skruzdėlė

نحلة

bitė

عنكبوت

voras

خنفساء

vabalas

ضفدعة

varlė

سنجاب

voverė

قنفذ

ežys

أرنب

kiškis

بومة

peléda

عصفور

paukštis

بجعة

gulbė

خنزير برّي

šernas

غزال

elnias

إلكة

briedis

سد

užtvanka

دولاب الطاحونة الهوائية

vėjo jėgainė

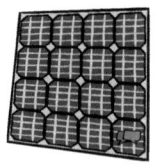

خلية شمسية

saulės baterija

مناخ

klimatas

مطعم
restoranas

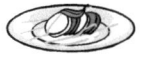

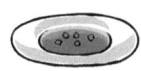

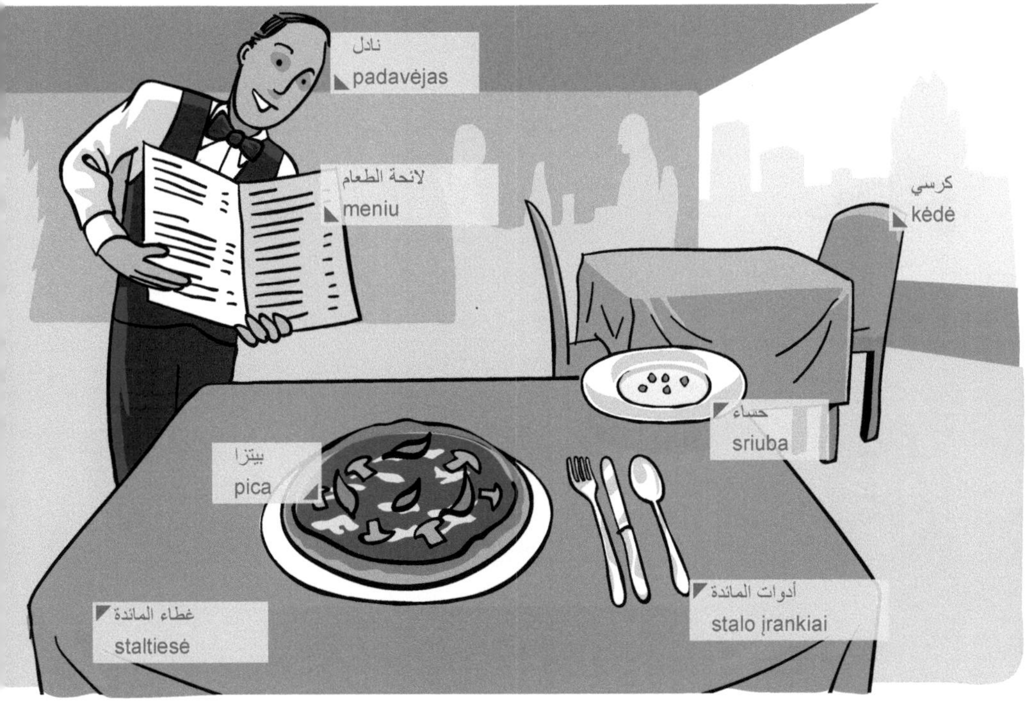
نادل
padavėjas
لائحة الطعام
meniu
كرسي
kėdė
حساء
sriuba
بيتزا
pica
أدوات المائدة
stalo įrankiai
غطاء المائدة
staltiesė

مقبلات
....
užkandis

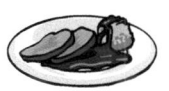

الصحن الرئيسي
....
pagrindinis patiekalas

حلوى أو فاكهة بعد الطعام
....
desertas

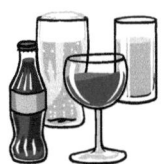

مشروبات
....
gėrimai

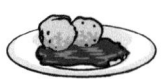

طعام
....
maistas

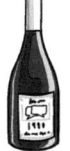

زجاجة
....
butelis

وجبات سريعة

greitai pateikiamas maistas

طعام الشارع

gatvės maistas

إبريق الشاي

arbatinukas

علبة السكر

cukrinė

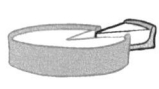

حصّة

porcija

آلة الإسبريسو

espreso aparatas

كرسي عالٍ

aukšta kėdė

فاتورة

sąskaita

صينية

padėklas

سكين

peilis

شوكة

šakutė

ملعقة

šaukštas

ملعقة الشاي

arbatinis šaukštelis

منديل المائدة

servetėlė

كأس

stiklinė

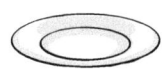

صحن

lėkštė

صحن الحساء

sriubos lėkštė

صحن الفنجان

padėklas

صلصة

padažas

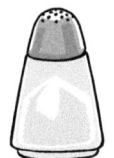

مملحة

druskinė

مطحنة الفلفل

pipirų malūnėlis

خلّ

actas

زيت الطعام

aliejus

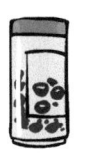

توابل

prieskoniai

كتشاب

kečupas

خردل

garstyčios

مايونيز

majonezas

سوبرماركت
prekybos centras

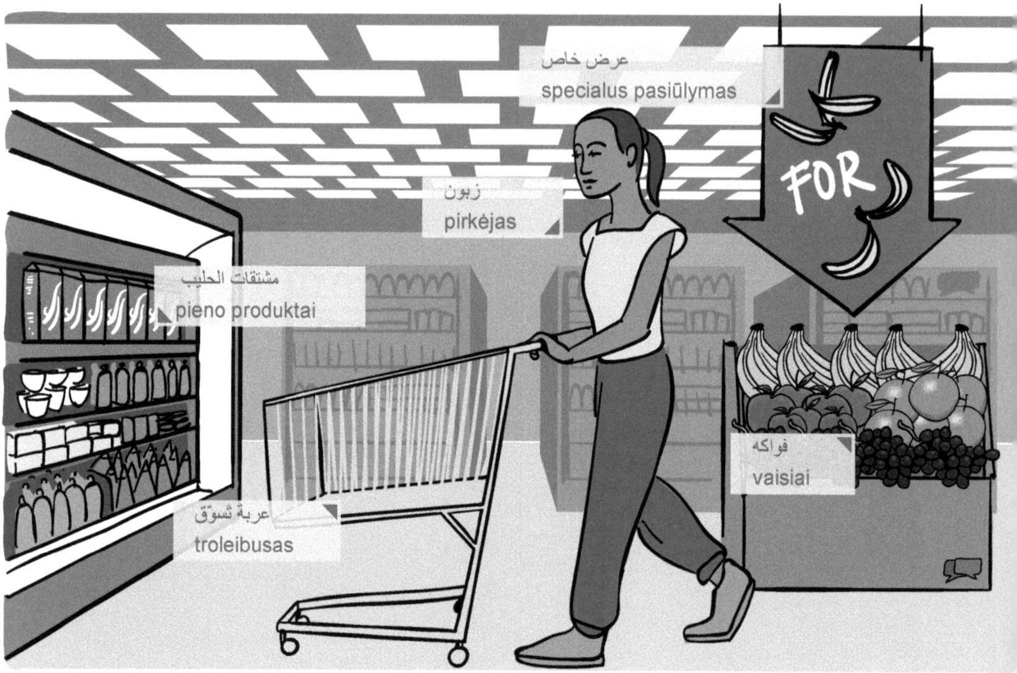

عرض خاص
specialus pasiūlymas
FOR
زبون
pirkėjas
مشتقات الحليب
pieno produktai
فواكه
vaisiai
عربة تسوّق
troleibusas

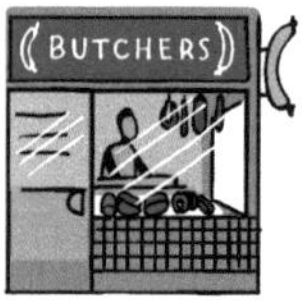

BUTCHERS

جزّار
....
mėsos parduotuvė

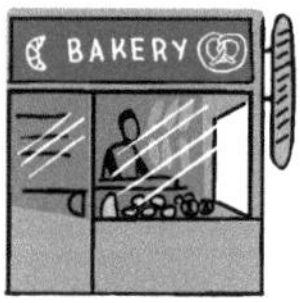

BAKERY

مخبز
....
kepykla

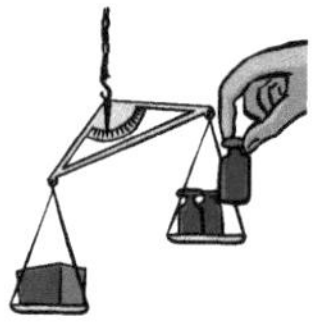

يزن
....
sverti

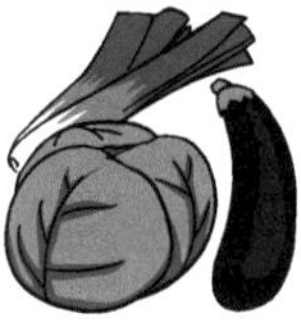

خضار
....
daržovės

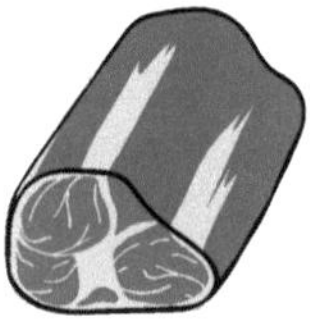

لحم
....
mėsa

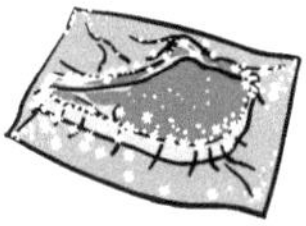

المأكولات المجمّدة
....
šaldytas maistas

مرتديلا أو جبن
....
šalti mėsos užkandžiai

معلبات
....
konservai

مسحوق الغسيل
....
skalbimo milteliai

حلويات
....
saldumynai

المواد المنزلية
....
ūkinės prekės

منظفات
....
valymo priemonės

بائعة
....
pardavėja

صندوق الحساب
....
kasos aparatas

أمين صندوق
....
kasininkas

قائمة المشتريات
....
pirkinių sąrašas

أوقات العمل
....
darbo valandos

محفظة النقود
....
piniginė

بطاقة ائتمان
....
kreditinė kortelė

حقيبة
....
maišelis

كيس بلاستيكي
....
plastikinis maišelis

ماء

vanduo

عصير

sultys

حليب

pienas

كولا

kola

نبيذ

vynas

بيرة

alus

كحول

alkoholis

كاكاو

kakava

شاي

arbata

قهوة

kava

قهوة إسبريسو

espresas

كابوتشينو

kapučinas

موزة

bananas

تفاح

obuolys

برتقال

apelsinas

بطيخ

arbūzas

ليمون

citrina

جزرة

morka

ثوم

česnakas

خيزران

bambukas

بصل

svogūnas

فطر

grybas

لوزيات

riešutai

شعيرية

makaronai

سباغيتي

spagečiai

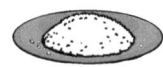

أرزّ

ryžiai

سلطة

salotos

بطاطا مقلية

traškučiai

بطاطا مقلية

keptos bulvės

بيتزا

pica

هامبورغر

mėsainis

ساندويتش

sumuštinis

شريحة لحم مقلية

pjausnys

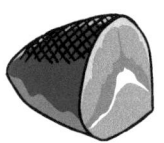

لحم خنزير

kumpis

سلامي

saliamis

سجق

dešrelė

دجاج

vištiena

لحم محمر

kepsnys

سمك

žuvis

دقيق الشوفان

avižų dribsniai

موسلي

dribsniai su priedais

كورن فلكس

kukurūzų dribsniai

طحين

miltai

كرواسان

prancūziškasis ragelis

خبز صغير

bandelė

خبز

duona

خبز محمص

skrebutis

بسكويت

sausainiai

زبدة

sviestas

لبن زبادي

varškė

كعكة

tortas

بيضة

kiaušinis

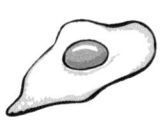

بيض مقلي

kiaušinienė

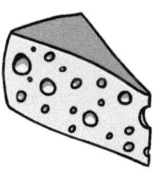

جبنة

sūris

مثلجات

ledai

سكر

cukrus

عسل

medus

مربّى الفاكهة

uogienė

كريم النوغا

tepamas šokoladas

الكاري

karis

مزرعة
ūkininko ūkis

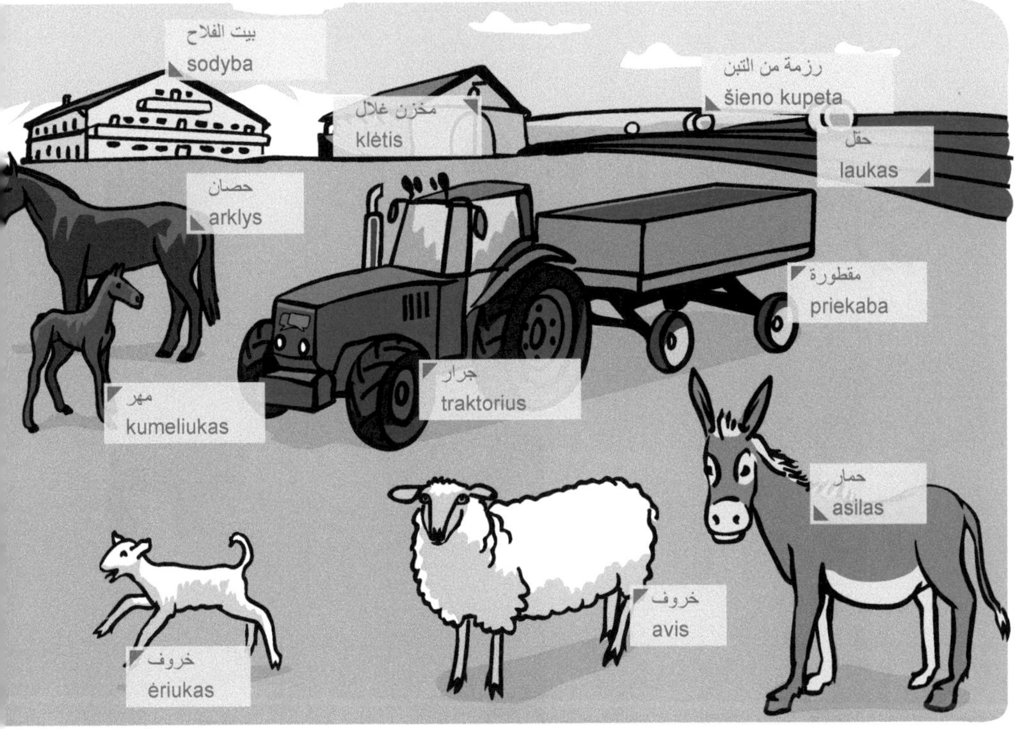

بيت الفلاح
sodyba
مخزن غلال
klėtis
رزمة من التبن
šieno kupeta
حقل
laukas
حصان
arklys
مقطورة
priekaba
مهر
kumeliukas
جرار
traktorius
حمار
asilas
خروف
avis
خروف
ėriukas

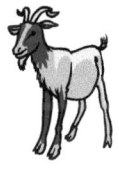

ماعز
....
ožys

بقرة
....
karvė

عجل
....
veršis

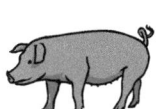

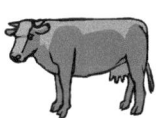

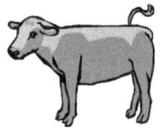

خنزير
....
kiaulė

خنزير صغير
....
paršelis

ثور
....
bulius

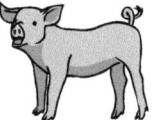

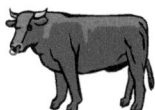

إوزّة

žąsis

بطة

antis

صوص

viščiukas

دجاجة

višta

ديك

gaidys

جرذ

žiurkė

قطّة

katė

فأر

pelė

ثور

jautis

كلب

šuo

كوخ الكلب

šuns būda

خرطوم الحديقة

sodo namas

إبريق

laistytuvas

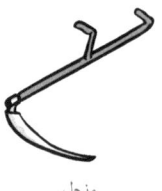

منجل

dalgis

المحراث

plūgas

منجل

pjautuvas

معزقة

kauptukas

مذراة الزبل

šakės

بلطة

kirvis

عربة يد

statinė

معلف

lovys

صفيحة الحليب

bidonas

كيس

maišas

سياج

tvora

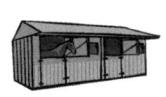

اصطبل

arklidė

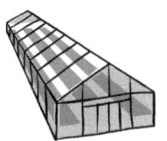

دفيئة

šiltnamis

تربة

dirva

بذور

sėkla

سماد

trąšos

حصّادة درّاسة

kombainas

يحصد

rinkti

محصول

derlius

بطاطا يامس

saldžiosios bulvės

قمح

kviečiai

صويا

soja

بطاطا

bulvė

ذرة

kukurūzai

سلجم

rapsai

شجرة فاكهة

vaismedis

نبات منيهوت

manijokas

الحبوب

grūdai

بيت
namas

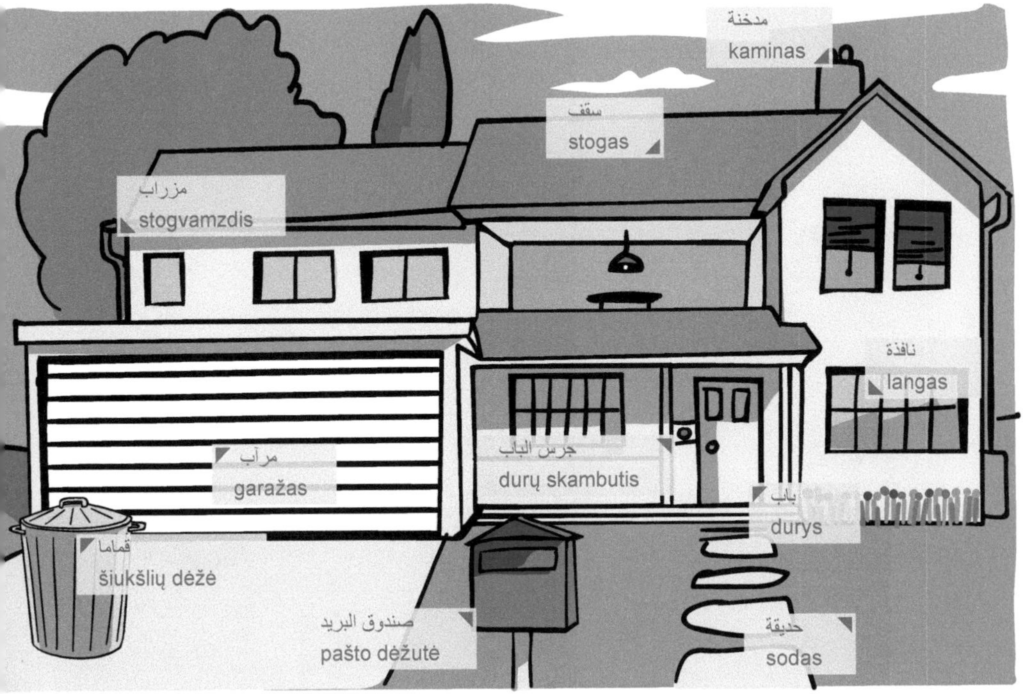
مدخنة
kaminas
سقف
stogas
مزراب
stogvamzdis
نافذة
langas
مرآب
garažas
جرس الباب
durų skambutis
باب
durys
قمامة
šiukšlių dėžė
صندوق البريد
pašto dėžutė
حديقة
sodas

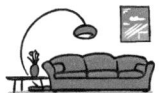

غرفة جلوس
svetainė

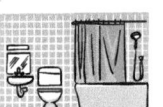

الحمّام
vonios kambarys

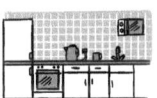

مطبخ
virtuvė

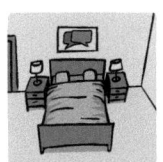

غرفة النوم
miegamasis

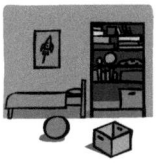

غرفة الأطفال
vaiko kambarys

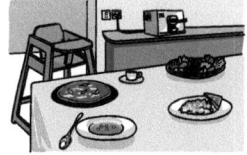

غرفة الطعام
valgomasis

أرضية

grindys

حائط

siena

سقف

lubos

قبو

rūsys

ساونا

sauna

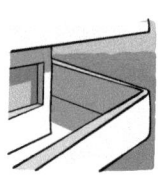

بلكون

balkonas

شرفة

terasa

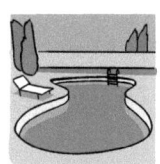

مسبح

baseinas

جزّازة العشب

žoliapjovė

بياضات السرير

paklodė

بطانية

lovatiesė

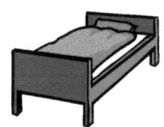

سرير

lova

مكنسة

šluota

سطل

kibiras

مفتاح كهربائي

jungiklis

غرفة جلوس

svetainė

ورق جدران
tapetai
صورة
nuotrauka
مصباح كهربائي
šviestuvas
رف
lentyna
خزانة
spintelė
تلفزيون
televizorius
موقد مفتوح
židinys
زهرة
gėlė
وسادة
pagalvėlė
كنبة
sofa
مزهرية
vaza
تحكم عن بعد
nuotolinio valdymo pultelis

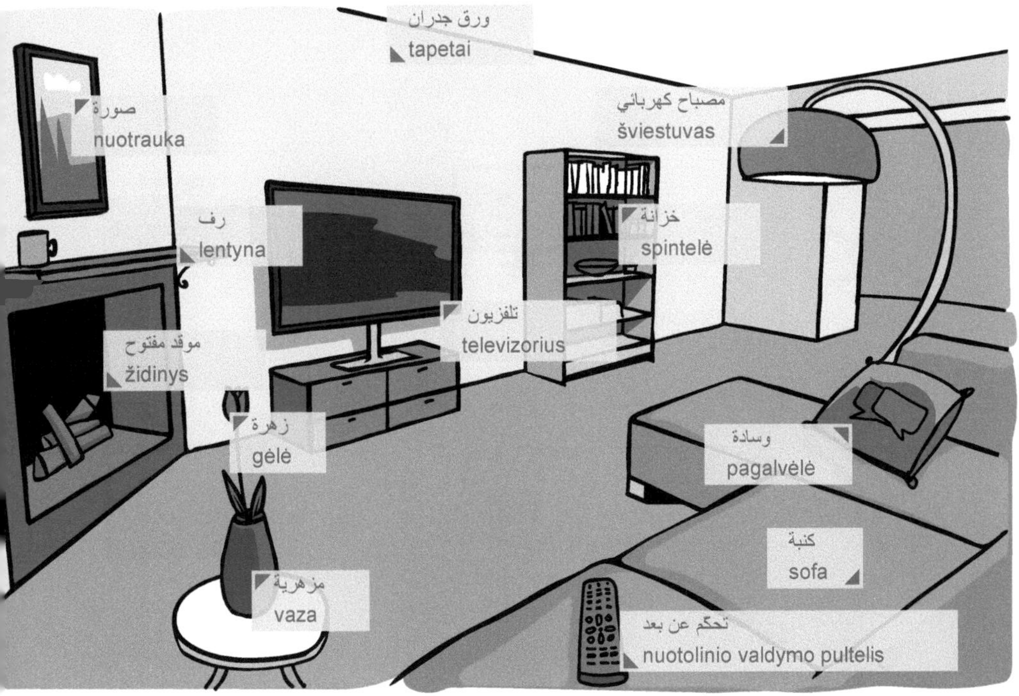

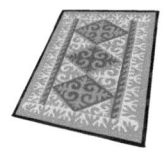

بصاط
....
kilimas

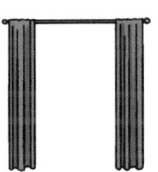

ستارة
....
užuolaida

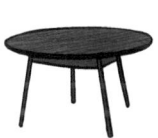

طاولة
....
stalas

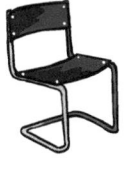

كرسي
....
kėdė

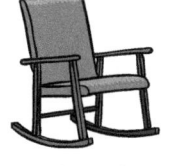

كرسي هزّاز
....
supamasis krėslas

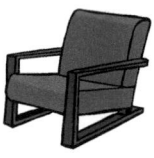

كرسي ذو ذراعين
....
fotelis

الكتاب

knyga

بطانية

antklodė

زخرفة

papuošimai

الحطب

malkos

فيلم

filmas

تجهيزات ستيريو

stereo aparatūra

مفتاح

raktas

جريدة

laikraštis

لوحة مرسومة

paveikslas

مُلصق

plakatas

راديو

radijas

دفتر ملاحظات

užrašų knygelė

المكنسة الكهربائية

dulkių siurblys

صبّار

kaktusas

شمعة

žvakė

مطبخ
virtuvė

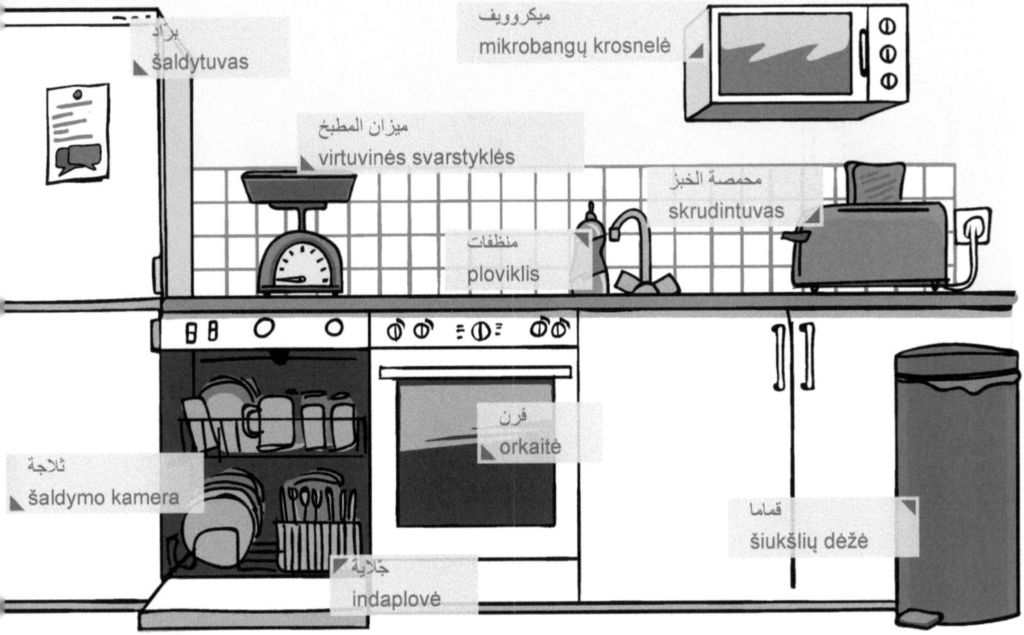

براد
šaldytuvas
ميكروويف
mikrobangų krosnelė
ميزان المطبخ
virtuvinės svarstyklės
محمصة الخبز
skrudintuvas
منظفات
ploviklis
فرن
orkaitė
ثلاجة
šaldymo kamera
قمامة
šiukšlių dėžė
جَلاية
indaplovė

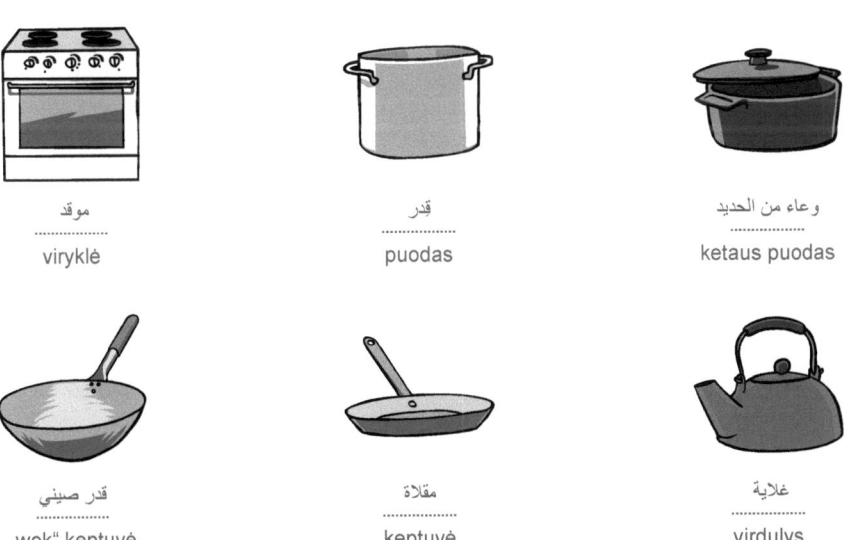

موقد
....
viryklė

قِدر
....
puodas

وعاء من الحديد
....
ketaus puodas

قدر صيني
....
„wok“ keptuvė

مقلاة
....
keptuvė

غلاية
....
virdulys

قدر البخار

garų puodas

صينية

kepimo skarda

أواني

porceliano indai

فنجان

puodelis

صحن

dubuo

عيدان الأكل

valgomosios lazdelės

مغرفة

samtis

ملعقة منبسطة

mentelė

خفاقة

plaktuvas

مصفاة

koštuvas

مصفاة

sietas

مبشرة

trintuvė

هاون

grūstuvė

شواء

kepsninė

موقد

atvira liepsna

لوح التقطيع

pjaustymo lentelė

نشّابة

kočėlas

مفتاح الزجاجات

kamščiatraukis

علبة

skardinė

مفتاح العلب المعدنية

skardinių atidarytuvas

قماش الفرن

puodkėlė

مجلى

kriauklė

فرشاة

šepetys

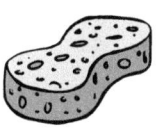

إسفنج

kempinė

خلاط

trintuvas

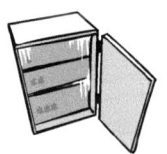

مجمّدة

šaldiklis

زجاجة الطفل

kūdikių buteliukas

صنبور الماء

čiaupas

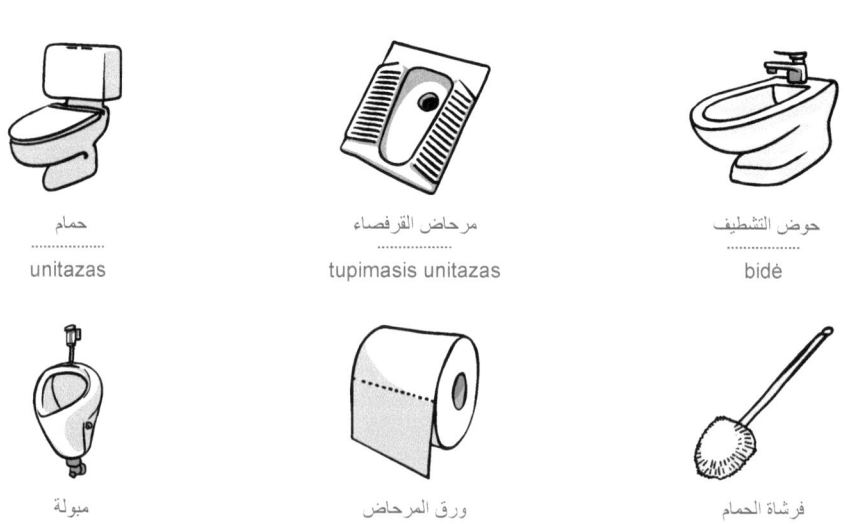

الحمّام
vonios kambarys

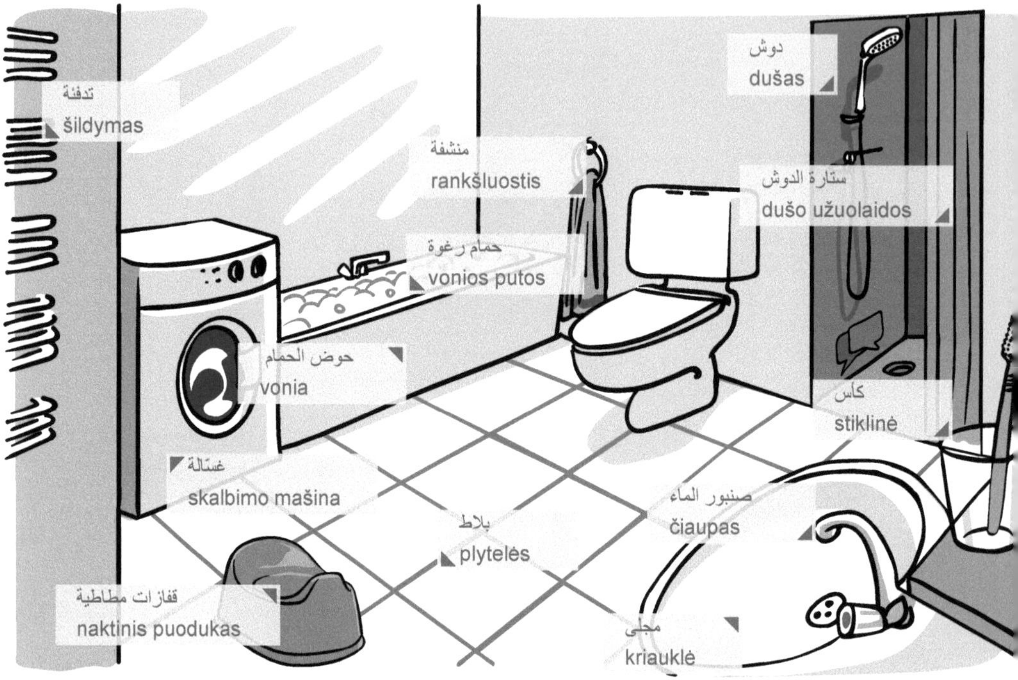
تدفئة
šildymas
منشفة
rankšluostis
حمام رغوة
vonios putos
حوض الحمام
vonia
غسّالة
skalbimo mašina
قفازات مطاطية
naktinis puodukas
بلاط
plytelės
دوش
dušas
ستارة الدوش
dušo užuolaidos
كأس
stiklinė
صنبور الماء
čiaupas
مجلى
kriauklė

حمام

unitazas

مرحاض القرفصاء

tupimasis unitazas

حوض التشطيف

bidė

مبولة

pisuaras

ورق المرحاض

tualetinis popierius

فرشاة الحمام

unitazo šepetys

فرشاة الأسنان

dantų šepetėlis

معجون الأسنان

dantų pasta

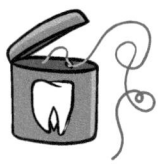

خيط حرير لتنظيف الأسنان

dantų siūlas

يغسل

plauti

رشاش ماء يدوي

dušo galvutė

شطاف

higieninis dušas

حوض الغسيل

praustuvas

فرشاة الظهر

nugaros plaušinė

صابون

muilas

جيل الدوش

dušo želė

شامبو

šampūnas

ممسحة

plaušinė

مصرف للماء

kanalizacija

مرهم

kremas

مزيل الروائح

dezodorantas

مرآة

veidrodis

مرآة يد

veidrodėlis

موس حلاقة

skustuvas

رغوة الحلاقة

skutimosi putos

كولونيا

losjonas po skutimosi

مشط

šukos

فرشاة

šepetys

سشوار

plaukų džiovintuvas

مثبت للشعر

plaukų lakas

ماكياج

makiažas

روج

lūpdažis

طلاء أظافر

nagų lakas

قطن

vata

مقص أظافر

žirklutės nagams

عطر

kvepalai

سلة الغسيل

maišelis skalbiniams

مقعد صغير

taburetė

ميزان

svarstyklės

معطف الحمام

chalatas

قفازات مطاطية

guminės pirštinės

سدادة قطنية

tamponas

منشفة صحية

higieninis įklotas

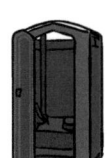

تواليت كيميائية

biotualetas

غرفة الأطفال
vaiko kambarys

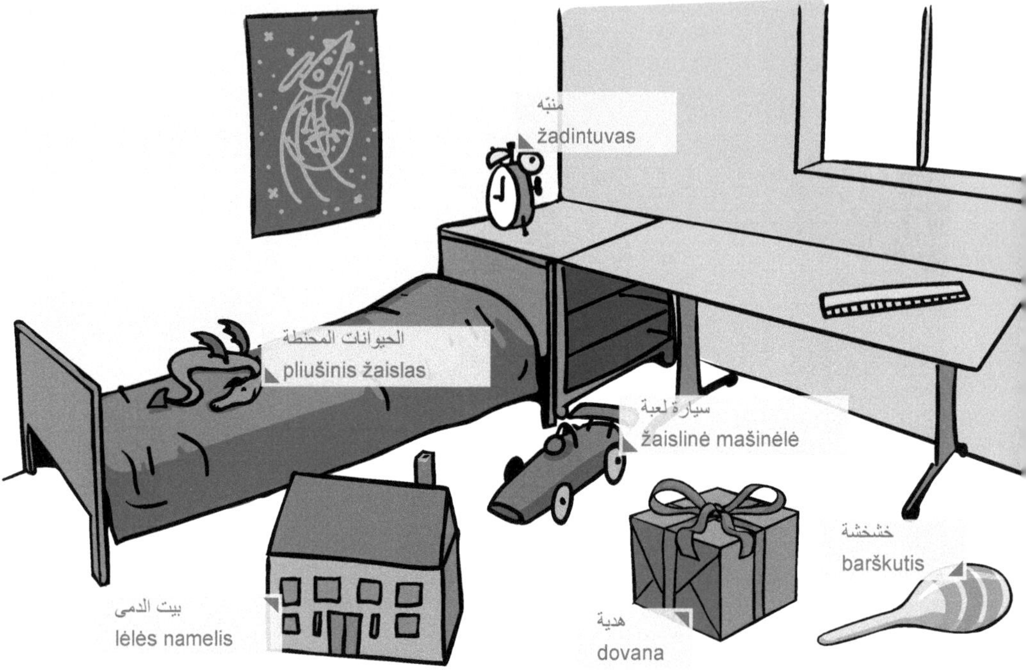
منبّه
žadintuvas
الحيوانات المحنطة
pliušinis žaislas
سيارة لعبة
žaislinė mašinėlė
خشخشة
barškutis
بيت الدمى
lėlės namelis
هدية
dovana

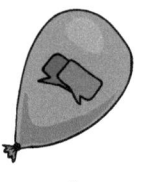

بالون
balionas

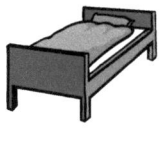

سرير
lova

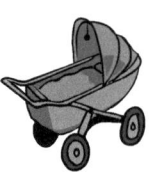

عربة الأطفال
vaikiškas vežimėlis

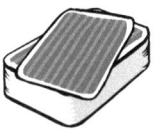

لعبة الورق
kortų malka

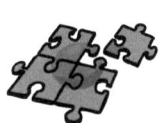

أحجية
delionė

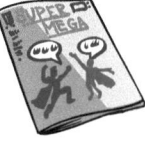

رسوم هزلية
komiksai

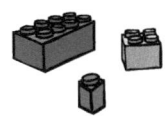

أحجار الليغو

lego kaladėlės

حجارة تركيب

žaislinės kaladėlės

دمية بطل

figūrėlė

لباس الطفل

šliaužtinukai

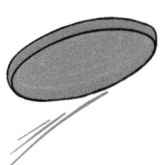

فريسبي

mėtymo lėkštė

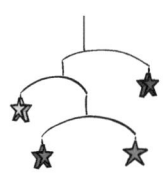

دمية معلقة

karuselė

لعبة الطاولة

stalo žaidimas

لعبة النرد

kauliukai

لعبة قطار

žaislinis traukinys

مصّاصة

žindukas

حفلة

vakarėlis

كتاب مصوّر

paveiksliukų knygelė

كرة

kamuolys

دمية

lėlė

يلعب

žaisti

ملعب رملي للأطفال

smėlio dėžė

أرجوحة

sūpynės

لعبة

žaislai

ألعاب فيديو

žaidimų konsolė

دراجة ثلاثية

triratukas

دمية على شكل الدب

meškiukas

خزانة الثياب

drabužių spinta

drabužis

جوارب قصيرة

kojinės

جوارب طويلة

kojinės virš kelių

جورب بنطلون

pėdkelnės

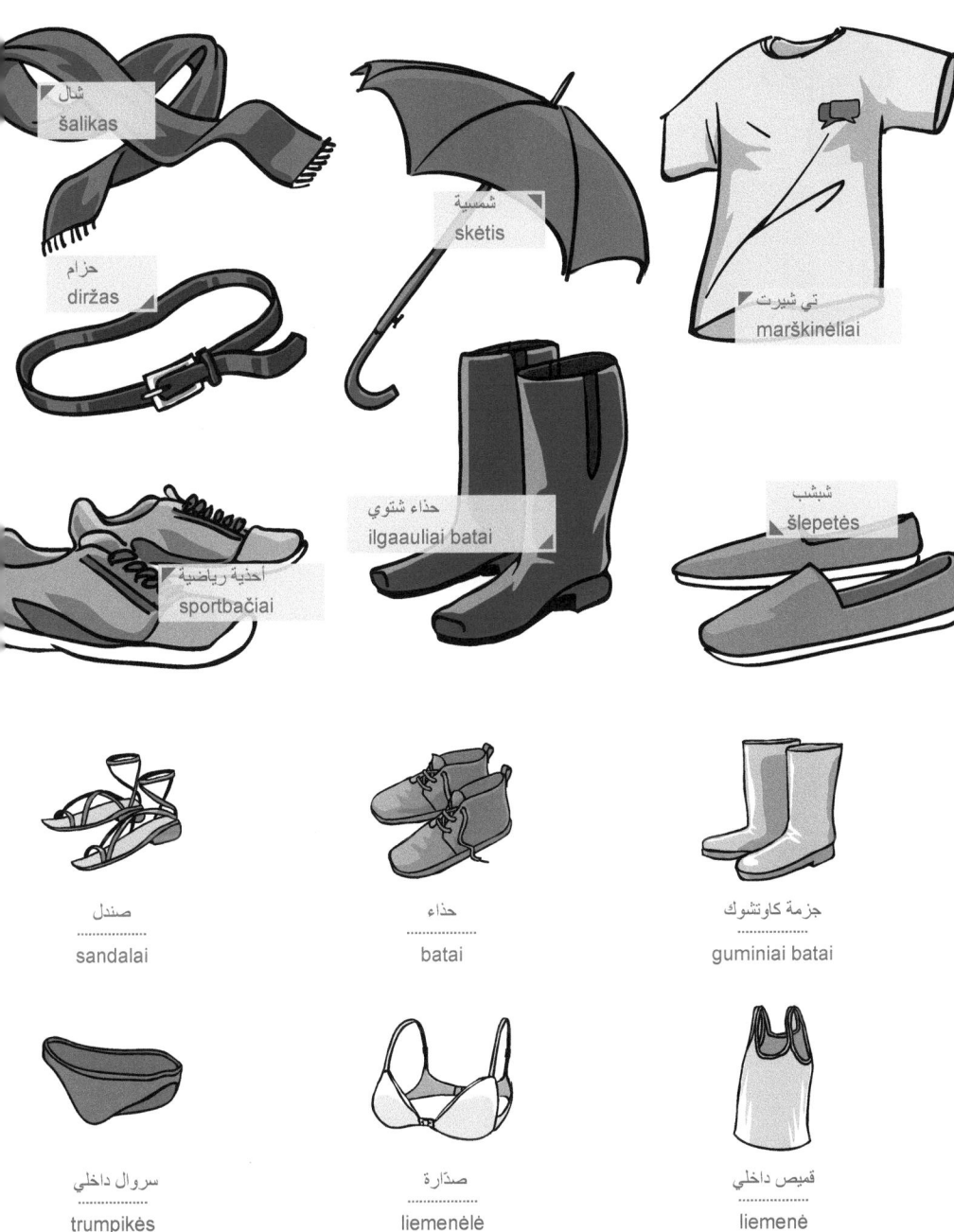

شال
šalikas

شمسية
skėtis

تي شيرت
marškinėliai

حزام
diržas

حذاء شتوي
ilgauliai batai

شبشب
šlepetės

أحذية رياضية
sportbačiai

صندل
....
sandalai

حذاء
....
batai

جزمة كاوتشوك
....
guminiai batai

سروال داخلي
....
trumpikės

صدّارة
....
liemenėlė

قميص داخلي
....
liemenė

لباس ملاصق للجسم
....
glaustinukė

بنطلون
....
kelnės

جينز
....
džinsai

تنورة
....
sijonas

بلوزة
....
palaidinė

قميص
....
marškiniai

سترة قطنية
....
megztinis

كنزة كم طويل
....
megztinis su gobtuvu

سترة فضفاضة
....
švarkelis

سترة
....
švarkas

معطف
....
paltas

معطف مطري
....
lietpaltis

زي - طقم نسائي
....
kostiumas

ثوب
....
suknelė

ثوب الزفاف
....
vestuvinė suknelė

طقم

kostiumas

قميص نوم

naktiniai marškiniai

بيجاما

pižama

ساري

saris

حجاب

skarelė

عمامة

tiurbanas

برقع

burka

قفطان

kaftanas

عباءة

abaja

مايوه

maudymosi kostiumėlis

سروال سباحة

glaudės

شرت

šortai

بدلة رياضية

sportinis kostiumas

منزر

prijuostė

قفازات

pirštinės

زر

saga

نظّارة

akiniai

إسوارة

apyrankė

عقد

vėrinys

خاتم

žiedas

قرط

auskaras

طاقيّة

kepurė

علاقة ثياب

pakabas

قَبَّعة

skrybėlė

ربطة العنق

kaklaraištis

سحّاب

užtrauktukas

خوذة

šalmas

حمّالة البنطلون

breketai

اللباس المدرسي

mokyklinė uniforma

زي موحّد

uniforma

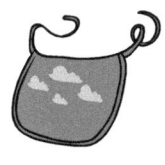

مريلة الأطفال
....
seilinukas

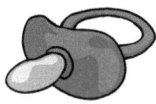

مصّاصة
....
žindukas

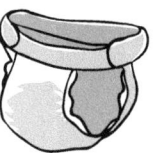

لفافة
....
vystyklai

مكتب
biuras

المخدّم
serveris
خزانة الملفات
dokumentų spinta
طابعة
spausdintuvas
ورقة
popierius
شاشة
vaizduoklis
طاولة المكتب
rašomasis stalas
فارة
pelė
ملف
aplankas
لوحة المفاتيح
klaviatūra
قماما
šiukšliadėžė
حاسوب
kompiuteris
كرسي
kėdė

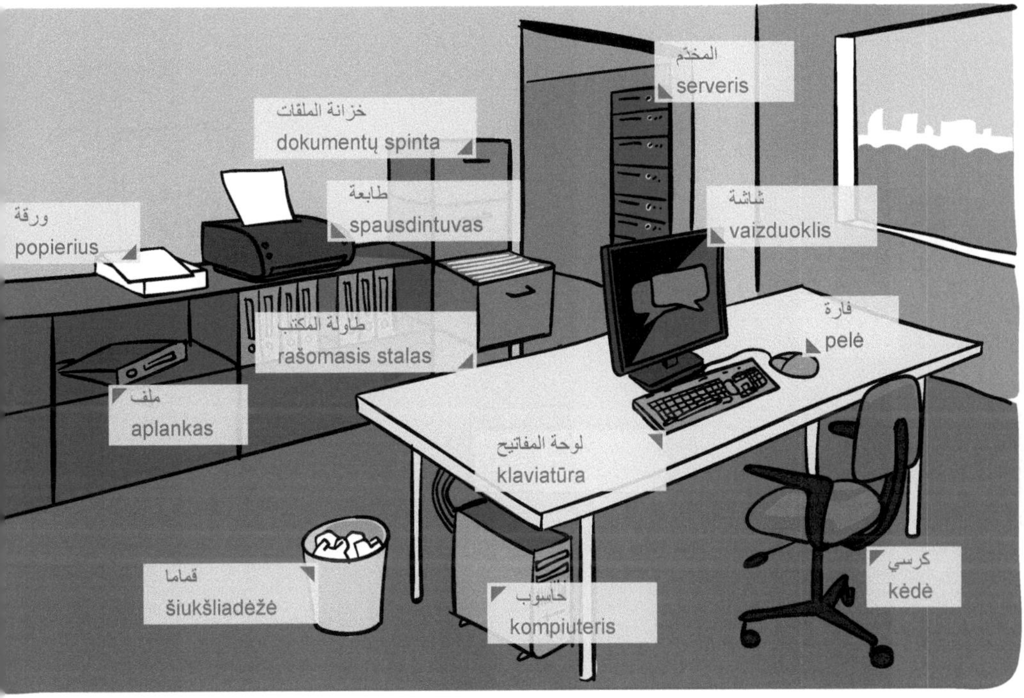

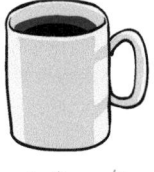

كأس من القهوة
....
kavos puodelis

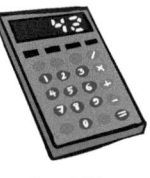

الآلة الحاسبة
....
kalkuliatorius

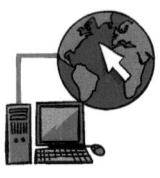

الإنترنت
....
internetas

الحاسوب المحمول

nešiojamasis kompiuteris

رسالة

laiškas

خبر

žinutė

الهاتف المحمول

mobilusis telefonas

شبكة

tinklas

جهاز تصوير

fotokopijavimo aparatas

البرمجيات

programinė įranga

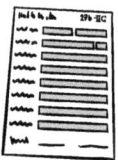

هاتف

telefonas

مقبس كهربائي

kištukinis lizdas

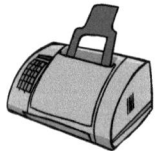

فاكس

faksas

استمارة

forma

وثيقة

dokumentas

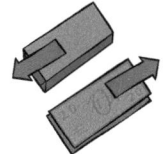

يَشْتَري

pirkti

يدفع

mokėti

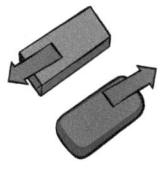

يتاجر

prekiauti

مال

pinigai

دولار

doleris

يورو

euras

ين

jena

روبل

rublis

فرنك سويسري

Šveicarijos frankas

يوان

juanis

روبية

rupija

صرّاف آلي

bankomatas

مكتب صرافة

valiutos keitykla

ذهب

auksas

فضة

sidabras

نفط

nafta

طاقة

energija

سعر

kaina

عقد

sutartis

ضريبة

mokestis

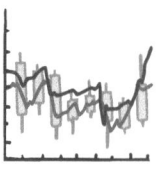

سهم

akcijos

يعمل

dirbti

موظف

darbuotojas

رب العمل

darbdavys

مصنع

gamykla

متجر

parduotuvė

المِهَن

profesijos

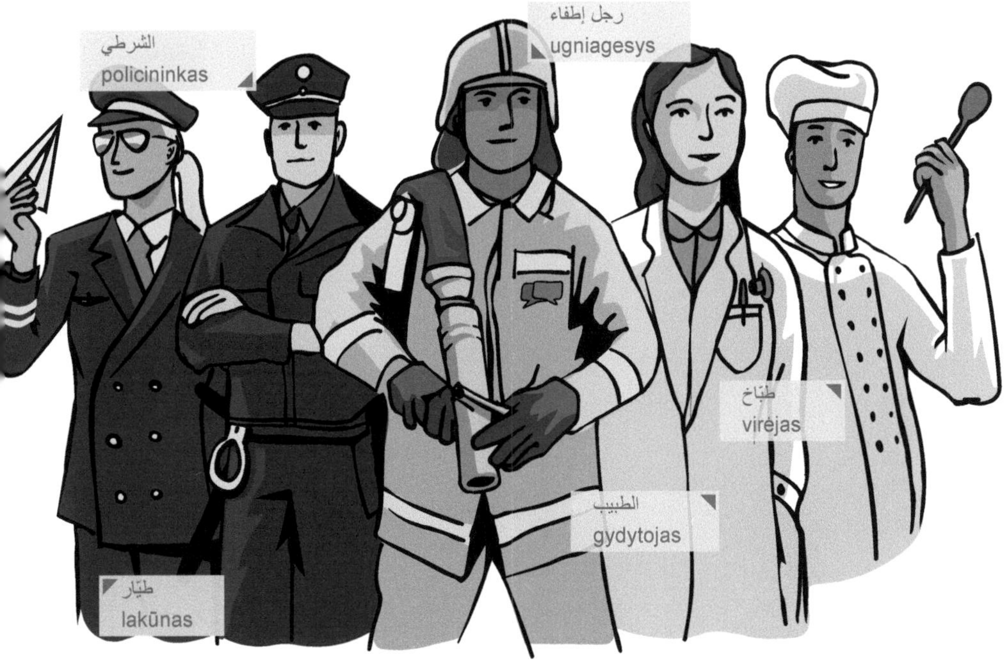
الشرطي
policininkas
رجل إطفاء
ugniagesys
طبّاخ
virėjas
الطبيب
gydytojas
طيّار
lakūnas

بستاني

sodininkas

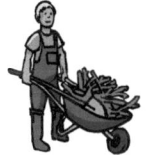

نجّار

stalius

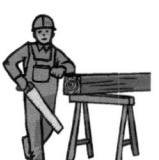

خيّاطة

siuvėja

قاض

teisėjas

كيميائي

chemikas

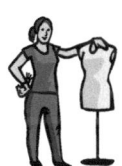

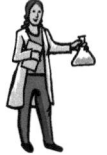

ممثل

aktorius

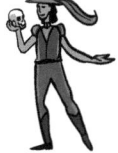

سائق حافلة

autobuso vairuotojas

سائق تاكسي

taksi vairuotojas

صياد سمك

žvejys

أجيرة للتنظيف

valytoja

بنّاء سقف

stogdengys

نادل

padavėjas

صيّاد

medžiotojas

رسّام

dailininkas

خبّاز

kepėjas

كهرباني

elektrikas

عامل بناء

statybininkas

مهندس

inžinierius

لَحَام

mėsininkas

سمكري

santechnikas

ساعي البريد

paštininkas

جندي

kareivis

مهندس معماري

architektas

أمين صندوق

kasininkas

بائع الزهور

gėlininkas

حلاق

kirpėjas

مراقب القطار

konduktorius

ميكانيكي

mechanikas

قبطان

kapitonas

طبيب أسنان

odontologas

رجل العلم

mokslininkas

حاخام

rabinas

إمام

imamas

راهب

vienuolis

كاهن

kunigas

عدة عمل

įrankiai

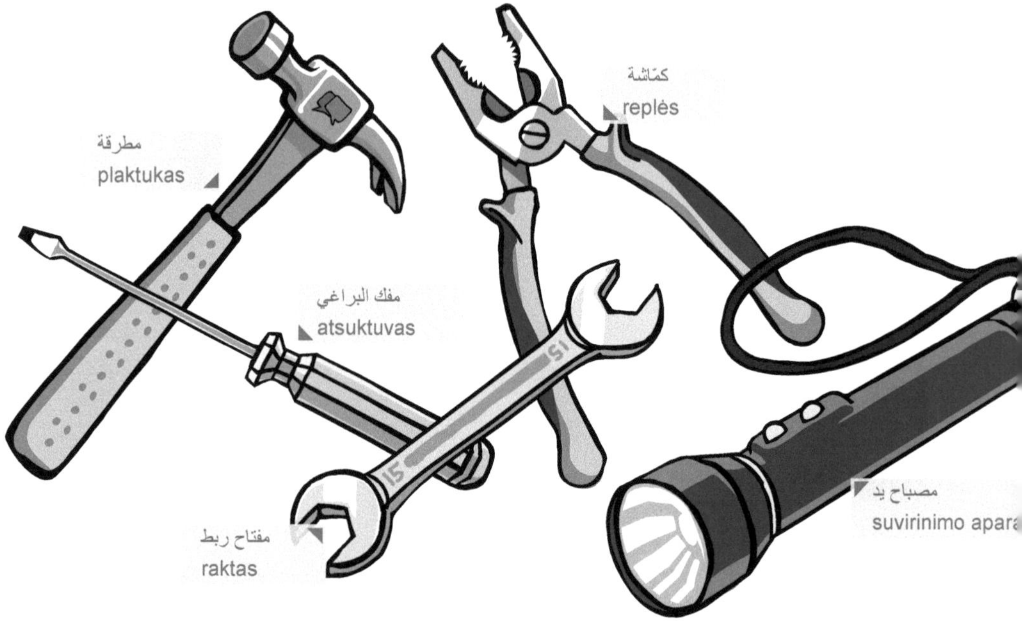

مطرقة
plaktukas
كمّاشة
replės
مفك البراغي
atsuktuvas
مفتاح ربط
raktas
مصباح يد
suvirinimo apara

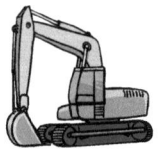

جرافة
....
ekskavatorius

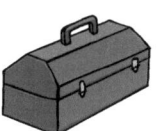

صندوق العدة
....
įrankių dėžė

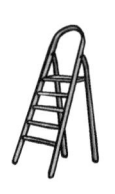

سلّم
....
kopėčios

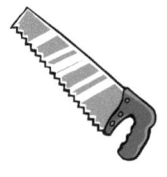

منشار
....
pjūklas

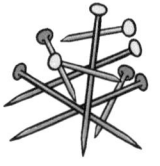

مسامير
....
vinys

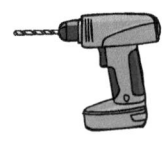

مثقب
....
grąžtas

يصلح
....
taisyti

مجرفة
....
kastuvas

اللعنة
....
Velniava!

لقاطة الكناسة
....
semtuvėlis

سطل الألوان
....
dažų skardinė

براغي
....
varžtai

آلات موسيقية

muzikos instrumentai

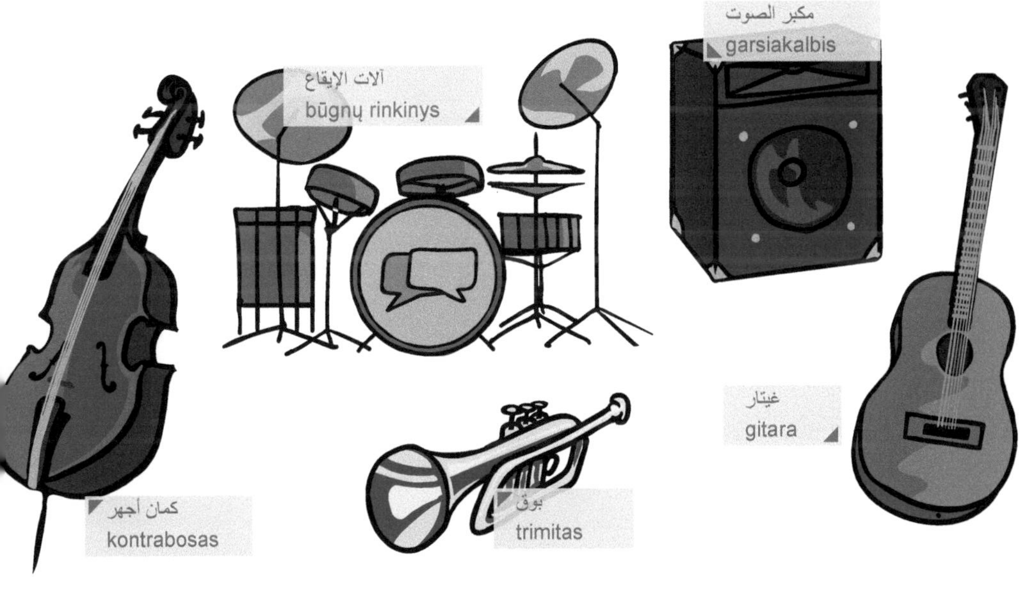

مكبر الصوت
garsiakalbis

آلات الإيقاع
būgnų rinkinys

غيتار
gitara

كمان أجهر
kontrabosas

بوق
trimitas

بيانو

pianinas

كمنجة

smuikas

جهير

bosinė gitara

طبل كبير

timpanas

طبل

būgnai

بيانو كهرباني

sintezatorius

ساكسوفون

saksofonas

ناي

fleita

ميكروفون

mikrofonas

حديقة حيوانات

zoologijos sodas

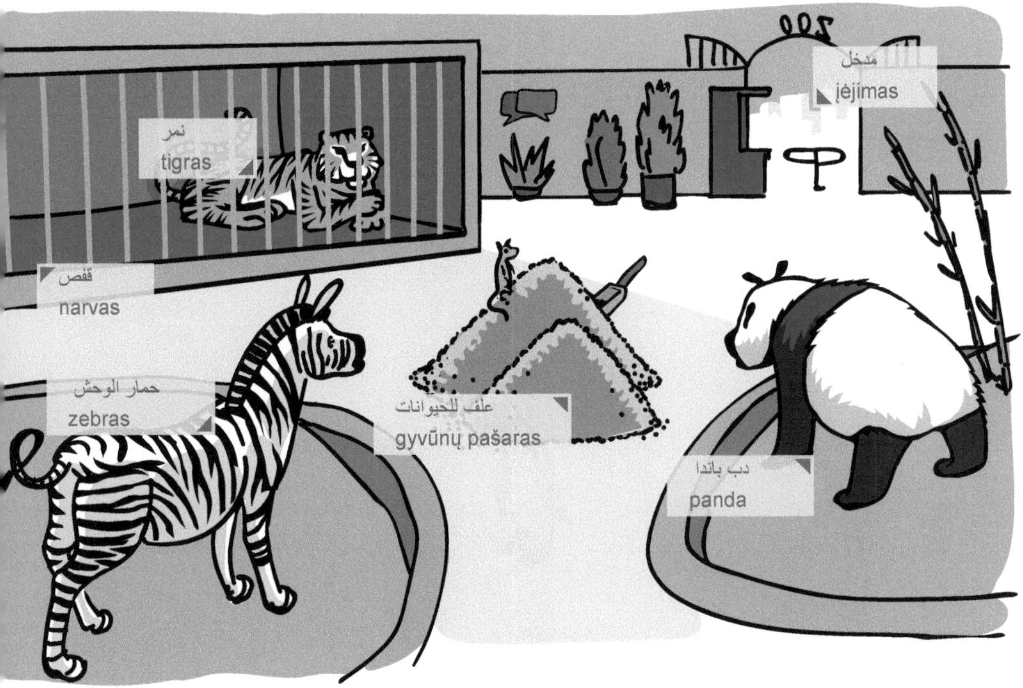

مدخل
įėjimas
نمر
tigras
قفص
narvas
حمار الوحش
zebras
علف للحيوانات
gyvūnų pašaras
دب باندا
panda

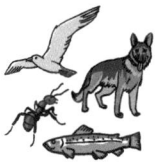

حيوانات

gyvūnai

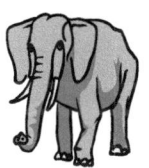

فيل

dramblys

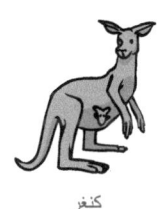

كنغر

kengūra

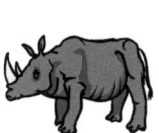

وحيد القرن

raganosis

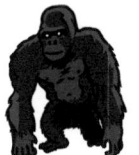

غوريلا

gorila

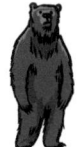

دب

meška

جمل

kupranugaris

نعامة

strutis

أسد

liūtas

قرد

beždžionė

طائر فلامينغو

flamingas

ببغاء

papūga

دب قطبي

baltoji meška

بطريق

pingvinas

سمك القرش

ryklys

طاووس

povas

أفعى

gyvatė

تمساح

krokodilas

حارس في حديقة الحيوان

zoologijos sodo prižiūrėtojas

عجل البحر

ruonis

نمر أمريكي مرقط

jaguaras

فرس قزم
ponis

نمر
leopardas

فرس النهر
begemotas

زرافة
žirafa

نسر
erelis

خنزير برّي
šernas

سمك
žuvis

سلحفاة
vėžlys

حيوان فظ البحري
vėplys

ثعلب
lapė

غزال
gazelė

sportas

كرة القدم الأمريكية
amerikietiškas futbolas

ركوب الدراجات
dviračių sportas

كرة التنس
tenisas

كرة السلة
krepšinis

السباحة
plaukimas

الملاكمة
boksas

هوكي الجليد
ledo ritulys

كرة القدم
....
futbolas

الريشة الطائرة
....
badmintonas

ألعاب القوى الخفيفة
....
atletika

كرة اليد
....
rankinis

التزلج على الثلج
....
slidinėjimas

بولو
....
polas

يقفز
šokinėti

يضحك
juoktis

يعانق
apkabinti

يمشي
vaikščioti

يغنّي
dainuoti

يحلم
svajoti

يصلّي
melstis

يقبّل
bučiuoti

يكتب
rašyti

يرسم
piešti

يُري
rodyti

يدفع
stumti

يعطي
duoti

يأخذ
imti

يملك

turėti

يعمل

daryti

يوجد

būti

يقف

stovėti

يركض

bėgti

يسحب

traukti

يرمي

mesti

يقع

kristi

يستلقي

meluoti

ينتظر

laukti

يحمل

nešti

يجلس

sėdėti

يلبس

rengtis

ينام

miegoti

يستيقظ

pabusti

ينظر إلى ..

žiūrėti

يبكي

verkti

يمسّد

glostyti

يمشّط

šukuoti

يتكلم

kalbėti

يفهم

suprasti

يسأل

paklausti

يسمع

klausytis

يشرب

gerti

ياكل

valgyti

يرتب

tvarkytis

يحب

mylėti

يطبخ

gaminti

يقود

vairuoti

يطيّر

skristi

يبحر بزورق شراعي

buriuoti

بحسب

skaičiuoti

يقرأ

skaityti

يتعلم

mokytis

يعمل

dirbti

يتزوج

vesti

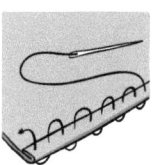

يخيط

siūti

ينظف أسنانه

valytis dantis

يقتل

žudyti

يدخّن

rūkyti

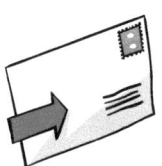

يرسل

siųsti

عائلة

šeima

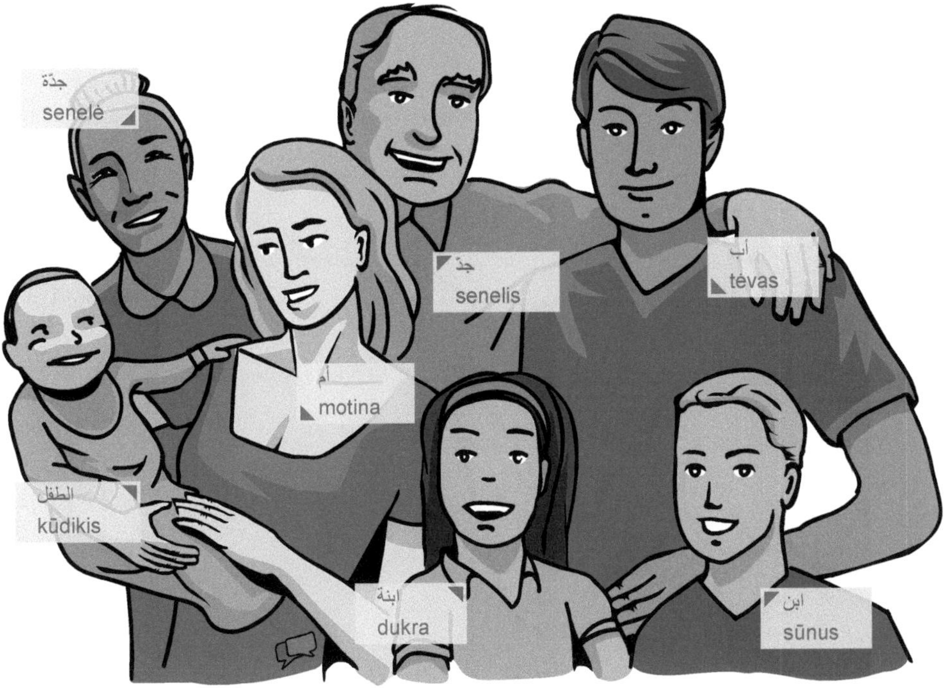
جدّة
senelė
جدّ
senelis
أب
tėvas
أم
motina
الطفل
kūdikis
ابنة
dukra
ابن
sūnus

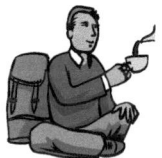

ضيف

svečias

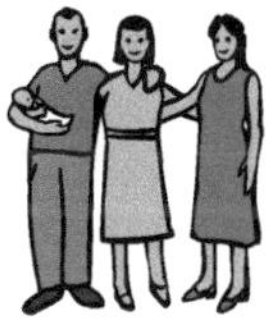

عمّة / خالة

teta

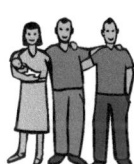

عمّ / خال

dėdė

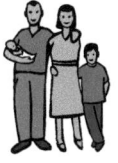

أخ

brolis

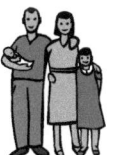

أخت

sesuo

الجسم
kūnas

الجبين
kakta
العين
akis
الكتف
petys
الإصبع
pirštas
الوجه
veidas
الذقن
smakras
اليد
plaštaka
الساق
koja
الصدر
krūtinė
الذراع
ranka

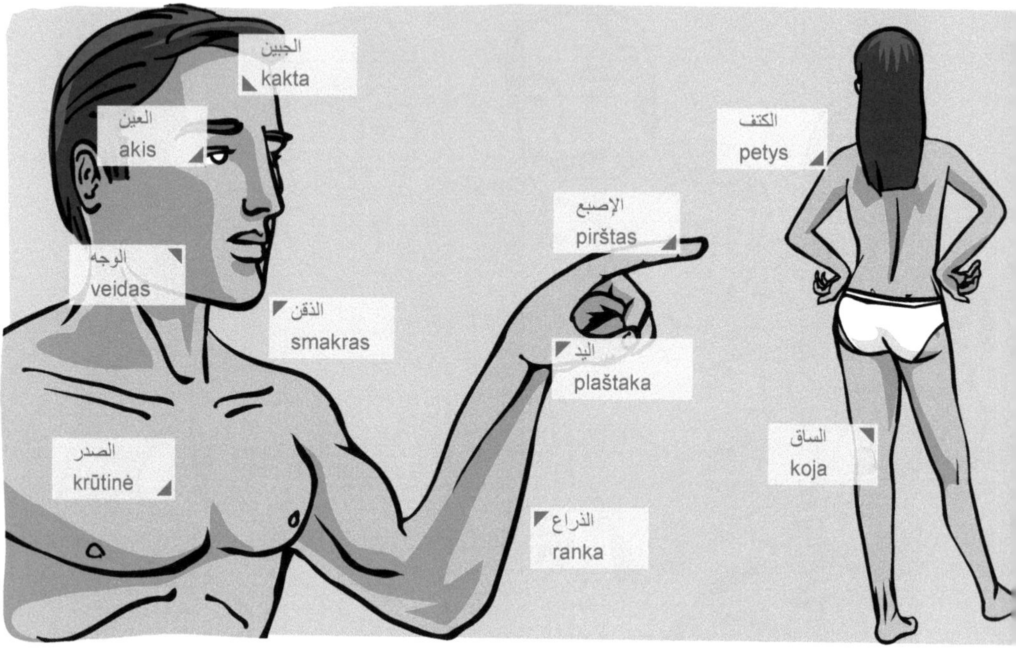

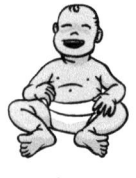

الطفل

kūdikis

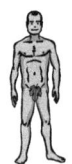

الرجل

vyras

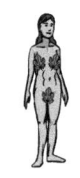

المرأة

moteris

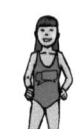

البنت

mergaitė

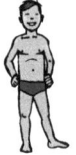

الولد

berniukas

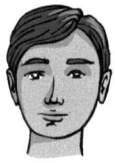

الرأس

galva

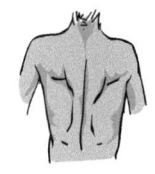

الظهر

nugara

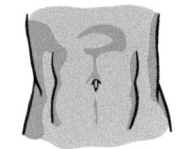

البطن

pilvas

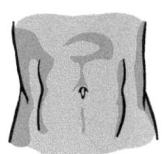

السرَّة

bamba

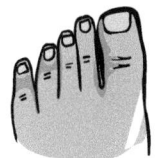

إصبع القدم

kojos pirštas

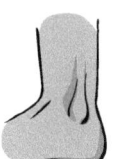

الكعب

kulnas

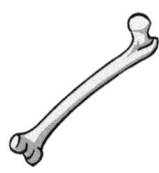

العظم

kaulas

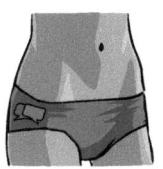

الورك

klubas

الركبة

kelis

المِرفق

alkūnė

الأنف

nosis

العَجُز

sėdmenys

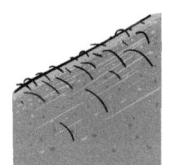

البشرة

oda

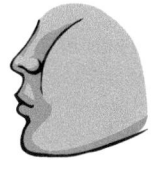

الخد

skruostas

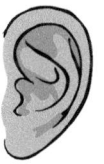

الأذن

ausis

الشفة

lūpa

الفم

burna

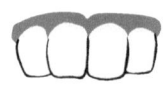

السن

dantis

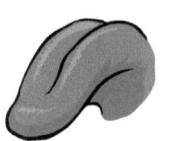

اللسان

liežuvis

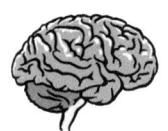

الدماغ

smegenys

القلب

širdis

العضلة

raumuo

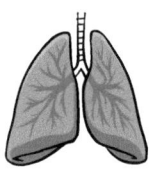

الرئة

plaučiai

الكبد

kepenys

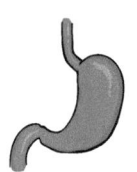

المعدة

skrandis

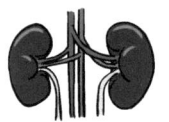

الكلى

inkstai

الاتصال الجنسي

seksas

الواقي المطاطي

prezervatyvas

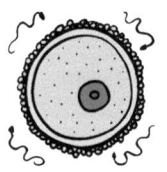

البويضة

kiaušialąstė

المنيّ

sperma

الحمل

nėštumas

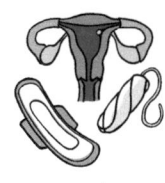

الحيض
menstruacijos

المهبل
makštis

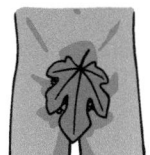

القضيب
varpa

الحاجب
antakis

الشعر
plaukai

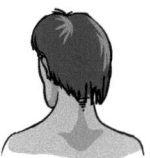

الرقبة
kaklas

المستشفى
ligoninė

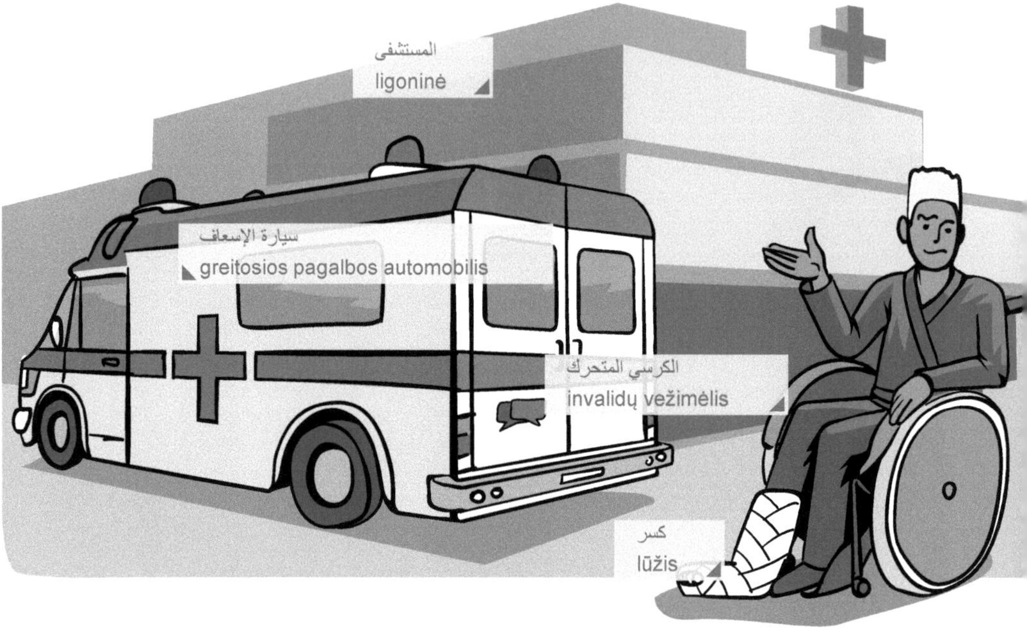

المستشفى
ligoninė
سيارة الإسعاف
greitosios pagalbos automobilis
الكرسي المتحرك
invalidų vežimėlis
كسر
lūžis

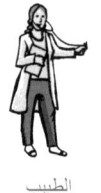

الطبيب
....
gydytojas

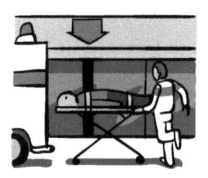

غرفة الإسعاف
....
skubios pagalbos skyrius

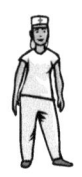

الممرضة
....
slaugytoja

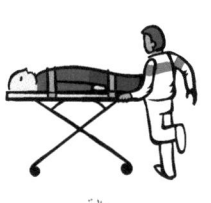

حالة
....
nelaimingas atsitikimas

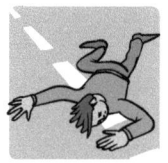

مغمى عليه
....
be sąmonės

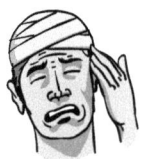

الألم
....
skausmas

إصابة

sužalojimas

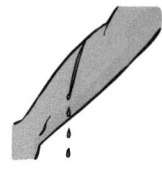

النزيف

kraujavimas

احتشاء القلب

širdies smūgis

جلطة

insultas

حسسية

alergija

السعال

kosulys

الحُمّى

karščiavimas

إنفلونزا

gripas

الإسهال

viduriavimas

وجع الرأس

galvos skausmas

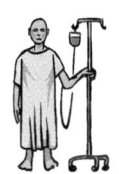

السرطان

vėžys

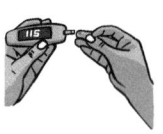

مرض السكر

diabetas

جرّاح

chirurgas

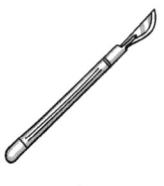

مبضع

skalpelis

عملية

operacija

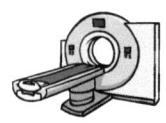

سيتي سكان

KT

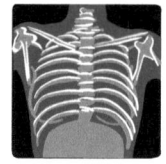

الأشعة السينية

rentgenas

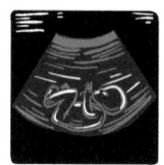

فوق الصوتي

ultragarsas

القناع

veido kaukė

المرض

liga

غرفة الانتظار

laukiamasis

العُكاز

ramentas

شريط لاصق

gipsas

ضماد

tvarstis

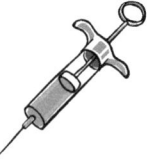

حقنة

injekcija

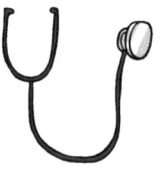

سمّاعة الطبيب

stetoskopas

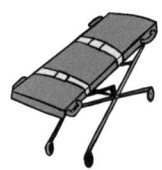

نقالة

neštuvai

ميزان حرارة

termometras

ولادة

gimimas

وزن زائد

antsvoris

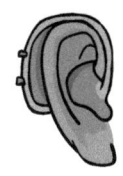

جهاز السمع

klausos aparatas

المواد المعقّمة

dezinfekavimo priemonė

عدوى

infekcija

فيروس

virusas

الإيدز

ŽIV / AIDS

الطب

vaistas

اللقاح

skiepijimas

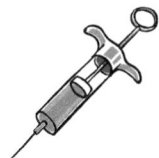

أقراص الدواء

tabletės

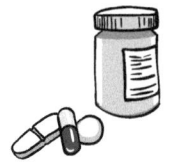

حبّة الدواء

piliulė

نداء النجدة

skubios pagalbos numeris

مقياس ضغط الدم

kraujospūdžio matuoklis

مريض / صحيح

ligotas / sveikas

nelaimingas atsitikimas

النجدة!

Padėkite!

إنذار

pavojaus signalas

اعتداء

užpuolimas

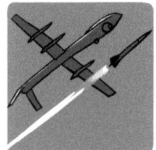

هجوم

ataka

خطر

pavojus

مخرج طوارئ

avarinis išėjimas

حريق!

Gaisras!

جهاز الإطفاء

gesintuvas

حادث

nelaimingas atsitikimas

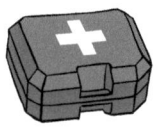

حقيبة الإسعاف الأولي

pirmosios pagalbos rinkinys

أنقذونا

SOS

الشرطة

policija

أوروبا

Europa

أمريكا الشمالية

Šiaurės Amerika

أمريكا الجنوبية

Pietų Amerika

أفريقيا

Afrika

آسيا

Azija

أستراليا

Australija

المحيط الأطلسي

Atlanto vandenynas

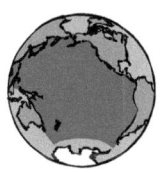

المحيط الهادي

Ramusis vandenynas

المحيط الهندي

Indijos vandenynas

المحيط المتجمد الجنوبي

Pietų vandenynas

المحيط المتجمد الشمالي

Arkties vandenynas

القطب الشمالي

Šiaurės ašigalis

القطب الجنوبي

Pietų ašigalis

منطقة القطب الجنوبي

Antarktida

أرض

Žemė

بر

sausuma

بحر

jūra

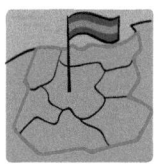

جزيرة

sala

أمة

tauta

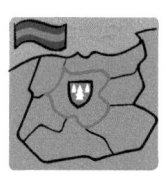

دولة

valstybė

ميناء الساعة

ciferblatas

عقرب الساعات

valandinė rodyklė

عقرب الدقائق

minutinė rodyklė

عقرب الثواني

sekundinė rodyklė

كم الساعة الآن؟

Kiek valandų?

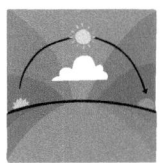

يوم

diena

زمن

laikas

الآن

dabar

ساعة رقمية

skaitmeninis laikrodis

دقيقة

minutė

ساعة

valanda

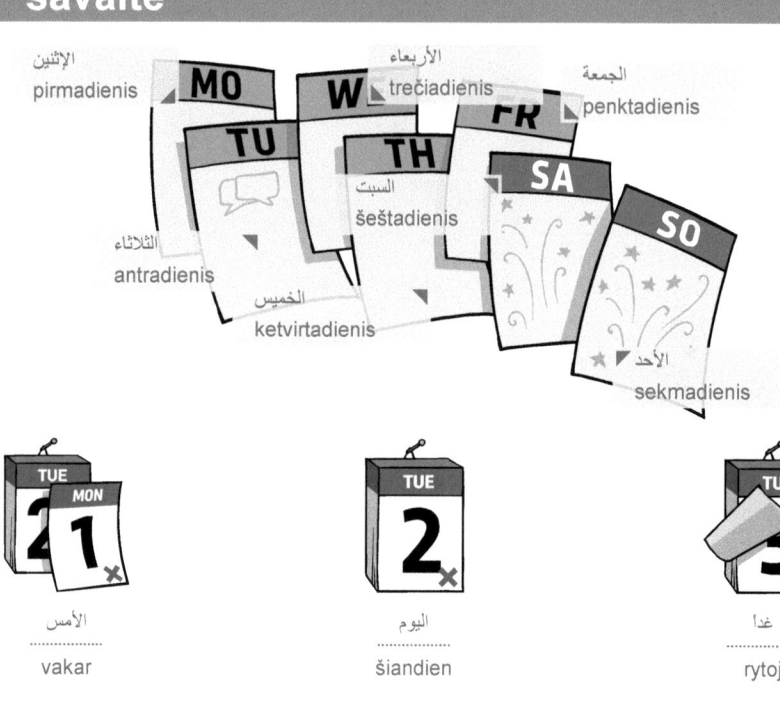

الإثنين
pirmadienis

الأربعاء
trečiadienis

الجمعة
penktadienis

الثلاثاء
antradienis

الخميس
ketvirtadienis

السبت
šeštadienis

الأحد
sekmadienis

الأمس
....
vakar

اليوم
....
šiandien

غدا
....
rytoj

الصباح
....
rytas

الظهر
....
vidurdienis

المساء
....
vakaras

أيام العمل
....
darbo dienos

نهاية الأسبوع
....
savaitgalis

سنة

metai

مطر
lietus
قوس قزح
vaivorykštė
ريح
vėjas
ثلج
sniegas
الربيع
pavasaris
الصيف
vasara
الخريف
ruduo
الشتاء
žiema

4.APRIL 11°
5.APRIL 4°
6.APRIL 13°
7.APRIL 8°
8.APRIL 10°

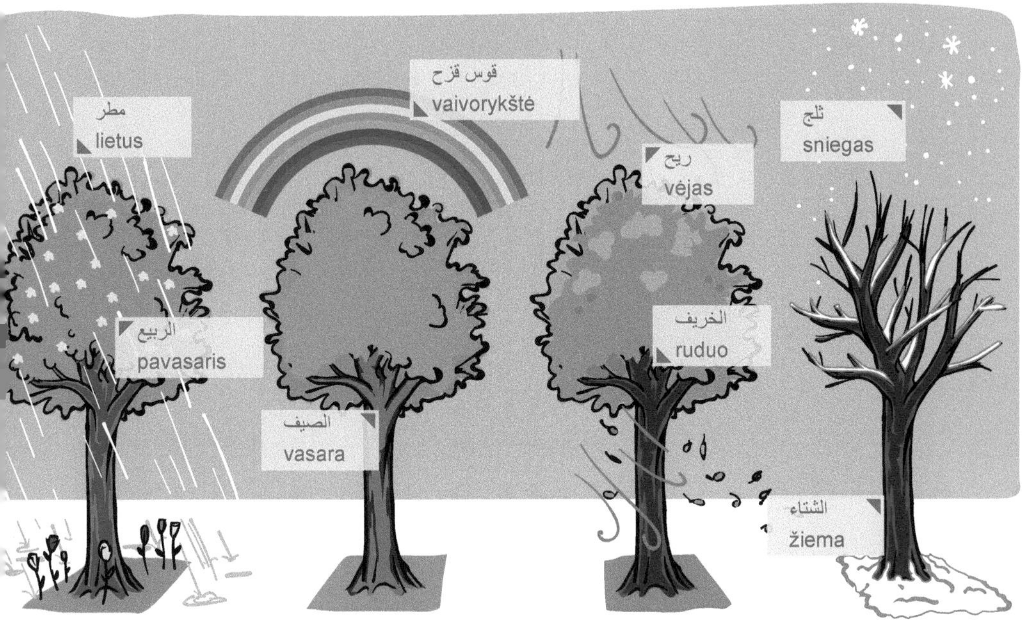

التنبّؤ بالحالة الجوية

....

orų prognozė

F C
120 40
90 30
60 20
30 10
0 0
-30 -10
-20

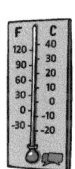

مقياس حرارة

....

lauko termometras

ضوء الشمس

....

saulės šviesa

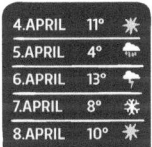

سحابة

....

debesis

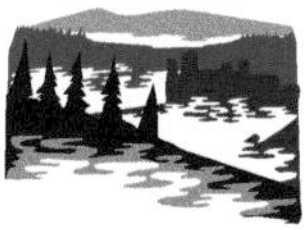

ضباب

....

rūkas

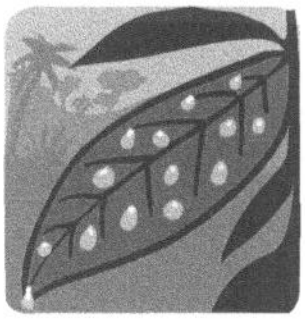

رطوبة الجو

....

drėgmė

برق

žaibas

رعد

griaustinis

عاصفة

audra

بَرَد

kruša

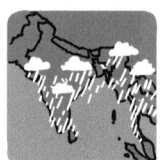

ريح موسمية

musonas

طوفان

potvynis

جليد

ledas

كانون الثاني / يناير

sausis

شباط / فبراير

vasaris

آذار / مارس

kovas

نيسان / أبريل

balandis

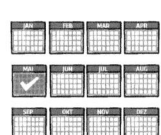

أيار / مايو

gegužė

حزيران / يونيو

birželis

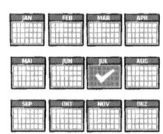

تموز / يوليو

liepa

آب / أغسطس

rugpjūtis

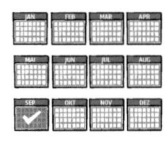

أيلول / سبتمبر
....
rugsėjis

تشرين الأول / أكتوبر
....
spalis

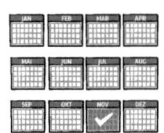

تشرين الثاني / نوفمبر
....
lapkritis

كانون الأول / ديسمبر
....
gruodis

أشكال

formos

دائرة
....
apskritimas

مربَّع
....
kvadratas

مستطيل
....
stačiakampis

مثلّث
....
trikampis

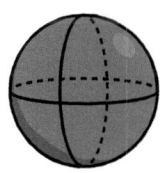

كرة
....
sfera

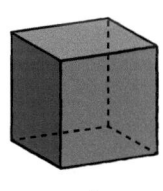

مكعب
....
kubas

أبيض

balta

أصفر

geltona

برتقالي

oranžinė

وردي

rožinė

أحمر

raudona

بنفسجي

violetinė

أزرق

mėlyna

أخضر

žalia

بنّي

ruda

رمادي

pilka

أسود

juoda

كثير / قليل

daug / mažai

غضبان / هادئ

piktas / ramus

جميل / قبيح

gražus / bjaurus

بداية / نهاية

pradžia / pabaiga

كبير / صغير

didelis / mažas

فاتح / قاتم

šviesus / tamsus

أخ / أخت

brolis / sesuo

نظيف / وسخ

švarus / purvinas

كامل / ناقص

užbaigtas / neužbaigtas

نهار / ليل

diena / naktis

ميت / حيّ

miręs / gyvas

عريض / ضيّق

platus / siauras

صالح للأكل / غير صالح

valgomas / nevalgomas

شِرّير / لطيف

piktas / malonus

مثير / ممل

linksmas / nuobodus

سمين / نحيف

storas / plonas

أولاً / أخيراً

pirmiausia / paskiausia

صديق / عدو

draugas / priešas

مليء / فارغ

pilnas / tuščias

صلب / لَيّن

kietas / minkštas

ثقيل / خفيف

sunkus / lengvas

جوع / عطش

alkis / troškulys

مريض / صحيح

ligotas / sveikas

غير شرعي / شرعي

nelegalus / legalus

ذكي / غبي

protingas / kvailas

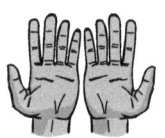

يسار / يمين

kairė / dešinė

قريب / بعيد

arti / toli

جديد / مستعمل

naujas / naudotas

لا شيء / بعض الشيء

niekas / kažkas

مسن / شاب

senas / jaunas

يشعل / يطفئ

įjungta / išjungta

مفتوح / مغلق

atidaryta / uždaryta

خافت / عالٍ

tylus / garsus

غني / فقير

turtingas / vargšas

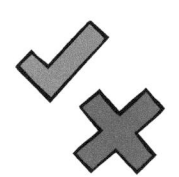

صح / خطأ

teisus / neteisus

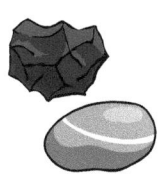

أحرش / املس

šiurkštus / švelnus

حزين / سعيد

liūdnas / laimingas

قصير / طويل

trumpas / ilgas

بطيء / سريع

lėtas / greitas

مبلول / جاف

drėgnas / sausas

ساخن / بارد

šiltas / šaltas

حرب / سلم

karas / taika

0

صفر

nulis

1

واحد

vienas

2

اثنان

du

3

ثلاثة

trys

4

أربعة

keturi

5

خمسة

penki

6

ستة

šeši

7

سبعة

septyni

8

ثمانية

aštuoni

9

تسعة

devyni

10

عشرة

dešimt

11

أحد عشر

vienuolika

12

اثنا عشر

dvylika

13

ثلاثة عشر

trylika

14

أربعة عشر

keturiolika

15

خمسة عشر

penkiolika

16

ستة عشر

šešiolika

17

سبعة عشر

septyniolika

18

ثمانية عشر

aštuoniolika

19

تسعة عشر

devyniolika

20

عشرون

dvidešimt

100

مائة

šimtas

1.000

ألف

tūkstantis

1.000.000

مليون

milijonas

الإنكليزية

anglų

الإنكليزية الأمريكية

amerikiečių anglų

لغة ماندارين الصينية

kinų (mandarinų)

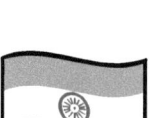

الهندية

hindi

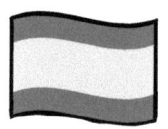

الإسبانية

ispanų

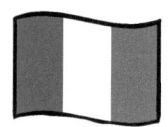

الفرنسية

prancūzų

العربية

arabų

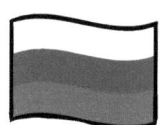

الروسية

rusų

البرتغالية

portugalų

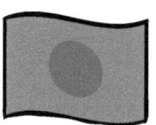

البنغالية

bengalų

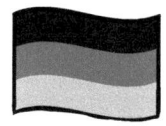

الألمانية

vokiečių

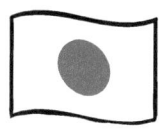

اليابانية

japonų

أنا
....
aš

أنت
....
tu

هو / هي
....
jis / ji

نحن
....
mes

أنتم
....
jūs

هم
....
jie

من؟
....
kas?

ماذا؟
....
ką?

كيف؟
....
kaip?

أين؟
....
kur?

متى؟
....
kada?

اسم
....
vardas

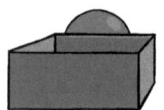

خلف

už

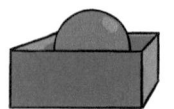

في

kur (vieta)

أمام

priešais

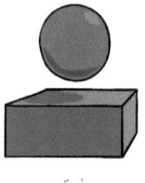

فوق

virš

على

ant

تحت

po

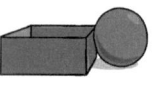

جنب

prie

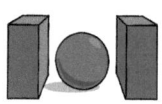

بين

tarp

مكان

vieta